幼儿园科学主题系列活动设计

梁媛玲 —————— 主编

海峡出版发行集团 | 福建教育出版社

图书在版编目（CIP）数据

幼儿园科学主题系列活动设计/梁媛玲主编.
福州：福建教育出版社，2024.11.—ISBN 978-7-5758-0004-4

Ⅰ.G613.3

中国国家版本馆 CIP 数据核字第 2024H4J692 号

You'eryuan Kexue Zhuti Xilie Huodong Sheji
幼儿园科学主题系列活动设计
梁媛玲　主编

出版发行	福建教育出版社
	（福州市梦山路 27 号　邮编：350025　网址：www.fep.com.cn）
	编辑部电话：0591-83627052
	发行部电话：0591-83721876　87115073　010-62024258）
出 版 人	江金辉
印　　刷	福州印团网印刷有限公司
	（福州市仓山区建新镇十字亭路 4 号）
开　　本	710 毫米×1000 毫米　1/16
印　　张	16.75
字　　数	292 千字
版　　次	2024 年 11 月第 1 版　2024 年 11 月第 1 次印刷
书　　号	ISBN 978-7-5758-0004-4
定　　价	63.00 元

如发现本书印装质量问题，请向本社出版科（电话：0591-83726019）调换。

本书编委会

主　　任：梁媛玲　李小方　董　敏
副 主 任：郭晶晶　肖　丽　王　芳　邱淼淼　王龙彦　林湘湘
编　　委：施美苹　陈达佳　颜毅真　江清盆　林少云　杨惠真
　　　　　郭小红　陈秀梅

前言

2016年9月，教育部颁布了《中国学生发展核心素养》，以"培养全面发展的人为核心"，包括人文底蕴、科学精神等六大素养。2020年9月，习近平总书记在科学家座谈会上指出："好奇心是人的天性，对科学兴趣的引导和培养要从娃娃抓起，使他们更多了解科学知识，掌握科学方法，形成一大批具备科学家潜质的青少年群体。"倡导科学教育推动科技进步是社会经济发展的必然要求，是提高综合国力的重要手段。科学精神是激发民族精神和时代精神的现实需要。幼儿期是科学兴趣、好奇心和创造力养成的关键期。从小对幼儿进行科学教育，提高幼儿的科学核心素养，对于培养面向世界、面向未来社会所需要的人才显得尤为重要。

2021年厦门市同安区被认定为幼儿科学教育示范区，开始尝试开展阿U"幼儿科学STEM"项目建设，致力于幼儿园科学教育实践研究，主要围绕物质科学和生命科学，从幼儿生活中看得见、摸得着、可描述、感兴趣的科学现象入手，根据幼儿的身心发展规律和思维特点，引导幼儿在"大胆猜想—操作验证—交流分享"的反复实践中进行科学学习，在有效的师幼、幼幼、亲子互动合作中不断发现问题、分析问题、解决问题，培养科学精神，形成受益终身的学习态度和能力。在此过程中，提出了培育"小小科学探索家"的教育理念，如下图所示：

本丛书分为两册，一册为《幼儿园科学主题系列活动设计》，另一册为《幼儿园科学活动优秀案例精选》。

1.《幼儿园科学主题系列活动设计》

本书中的科学主题系列活动主要是指在一段时间内围绕科学领域中幼儿感兴趣的某一个探究点或科学原理点开展的，以幼儿为主体，以整合为方向，幼儿、教师、家长三方深度、持续参与的一系列活动。本书精选了适合幼儿园小班、中班、大班开展的11个科学主题系列活动（其中小班2个、中班4个、大班5个）。每个主题系列活动均包含主题由来、主题目标、系列活动一览表和9～12个不同形式的活动等内容，以集中活动、游戏活动、亲子活动等形式为主，各自独立又相互关联，从不同的实施路径共同对幼儿进行科学启蒙教育，发展幼儿的探究能力，促进幼儿全面发展。

2.《幼儿园科学活动优秀案例精选》

本书中的幼儿园科学活动案例，一部分是源于阿U"幼儿科学STEM"项目内容，另一部分是源于幼儿生活与游戏、幼儿兴趣与需要的生成性科学活动内容。根据不同年龄段幼儿的发展需要，精选了适合幼儿园小班、中班、大班开展的37个科学活动（其中小班11个、中班12个、大班14个）。每个案例均含活动由来、活动目标、活动准备、活动过程、活动延伸、教师思考、活动评析等。

本丛书是厦门市同安区一线教师在致力于幼儿园科学教育的实践研究中不断探索、思考、研讨、调整的集体智慧结晶，希望对幼儿园教师开展科学教育有所帮助，由于研究还仅仅处于起步阶段，难免存在问题，敬请指正。

目　录

小班

有趣的光 ……………………………………… 3
影子朋友真好玩（集中活动）………………… 4
踩影子（游戏活动）…………………………… 7
会变的影子（集中活动）……………………… 8
大巨人和小矮人（亲子活动）………………… 10
会说话的手（游戏活动）……………………… 11
影子创想（游戏活动）………………………… 13
镜子里的花园（集中活动）…………………… 15
光飞机（亲子活动）…………………………… 18
转一转，看一看（集中活动）………………… 19

奇妙的水 ……………………………………… 23
生活中流动的水（亲子活动）………………… 25
快乐运水（集中活动）………………………… 26
吹画（游戏活动）……………………………… 28
吹泡泡（游戏活动）…………………………… 29
有趣的泡泡膜（集中活动）…………………… 31

水面浮针（游戏活动）……………………34
玩具水中游（集中活动）…………………35
小船快跑（游戏活动）……………………37
神奇的小水珠（集中活动）………………38
奇妙的疏水性（亲子活动）………………41

中班

磁铁的秘密 …………………………………45
认识磁铁（集中活动）……………………47
生活中的磁铁（亲子活动）………………49
溜冰的小人（集中活动）…………………50
营救小动物（游戏活动）…………………53
绘本里的磁铁（亲子活动）………………54
有趣的两极（集中活动）…………………55
连接小火车（游戏活动）…………………59
营救企鹅行动（集中活动）………………60
回形针游戏（游戏活动）…………………62
神奇的燕尾夹（集中活动）………………64

好玩的纸 ……………………………………67
让纸站起来（游戏活动）…………………69
能干的独腿桌（集中活动）………………70
纸牌"变形"记（游戏活动）………………73
神奇的纸桥（亲子活动）…………………75
盛开的纸花（集中活动）…………………76
花朵寻宝（游戏活动）……………………79

水彩爬高（游戏活动） ·················· 80
彩虹攀爬（亲子活动） ·················· 82
会飞的纸飞碟（集中活动） ·············· 83

颜色变变变　　　　　　　　　　　　87

活动室里的颜色（游戏活动） ············ 89
大自然的色彩（亲子活动） ·············· 90
红黄蓝三兄弟（集中活动） ·············· 93
颜色魔术师（游戏活动） ················ 95
好玩的三原色（亲子活动） ·············· 97
提取植物色素（游戏活动） ·············· 99
紫甘蓝汁变变变（集中活动） ············ 100
染色游戏（游戏活动） ·················· 102
神奇的胶水画（集中活动） ·············· 105
隐藏的颜色（集中活动） ················ 107

平衡乐园　　　　　　　　　　　　　111

好玩的天平（游戏活动） ················ 112
可爱的M形玩具（集中活动） ············ 114
顶纸板（游戏活动） ···················· 117
生活中的平衡（亲子活动） ·············· 118
不倒翁真好玩（集中活动） ·············· 119
顶物竞走（游戏活动） ·················· 121
奇妙的平衡卡（集中活动） ·············· 122
陀螺夹夹乐（集中活动） ················ 125
纸盒不倒（游戏活动） ·················· 128
地垫不倒翁（亲子活动） ················ 129

大班

多变的光 ·········· 133
生活中的光（亲子活动）·········· 135
有趣的光斑（集中活动）·········· 137
追光跳（游戏活动）·········· 139
有趣的光反射（集中活动）·········· 141
神奇的万花筒（亲子活动）·········· 143
被困住的光（游戏活动）·········· 145
消失的硬币（游戏活动）·········· 146
水凸透镜（集中活动）·········· 148
细菌不见了（游戏活动）·········· 150
3D眼镜（亲子活动）·········· 152
灯光秀（游戏活动）·········· 153

流动的空气 ·········· 155
找空气（集中活动）·········· 157
章鱼游啊游（游戏活动）·········· 159
悬浮的小球（集中活动）·········· 162
吹风机悬浮球（亲子活动）·········· 166
纸杯飞行器（游戏活动）·········· 167
风力小汽车（集中活动）·········· 169
纸风车（游戏活动）·········· 173
会跳舞的小蛇（亲子活动）·········· 174
彩旗飘扬（集中活动）·········· 175
空气炮（游戏活动）·········· 179

飞奔的气球（集中活动）……………………… 181
气球动力车（亲子活动）……………………… 183

超级魔术师 …………………………………… 185
纸条会变色（集中活动）……………………… 187
纸条百变色（游戏活动）……………………… 189
神奇的酵母（集中活动）……………………… 190
自制环保酵素（游戏活动）…………………… 193
多变的液体（集中活动）……………………… 194
谁住得最高（游戏活动）……………………… 196
神奇彩色泡泡龙（游戏活动）………………… 198
自动前进的瓶（集中活动）…………………… 199
火山爆发（游戏活动）………………………… 201

漫游"电"世界 ………………………………… 203
生活中的电（亲子活动）……………………… 205
旋转纸花（集中活动）………………………… 205
扭转乾坤（游戏活动）………………………… 209
灯泡的好朋友（集中活动）…………………… 210
水果发电（游戏活动）………………………… 214
会"咬人"的电（集中活动）…………………… 216
有趣的电路（集中活动）……………………… 219
小灯泡亮了（游戏活动）……………………… 221
电路迷宫（游戏活动）………………………… 223
跳舞的女孩（集中活动）……………………… 225
走进科技馆（亲子活动）……………………… 228
一度电的故事（集中活动）…………………… 228

气压有力量 ……………………………… 231

吸盘挂钩的秘密（集中活动）……………… 233
不湿的纸巾（集中活动）…………………… 236
谁在推动我（游戏活动）…………………… 239
倒不出的水（集中活动）…………………… 241
会喝水的杯子（亲子活动）………………… 244
吸管运水（集中活动）……………………… 245
瓶子里的水（游戏活动）…………………… 247
喷泉水花（游戏活动）……………………… 249
有趣的虹吸（集中活动）…………………… 250
阶梯水库（游戏活动）……………………… 252
小小潜水艇（游戏活动）…………………… 254

小　班

有趣的光

(吴慧惠　纪晓君　邵俊敏)

光影现象贴近幼儿的生活，幼儿对生活中各种各样的光影现象有着极大的兴趣。影子是怎么来的呢？影子都是黑色的吗？影子为什么有时大有时小？有光一定有影子吗？……一系列问题引发了幼儿的探究欲望。教师可以设计系列探究活动，引导幼儿通过观察、比较、操作、实验等方法，认识身边无处不在的光影现象，对幼儿进行科学启蒙教育，发展其初步的科学探究能力。

主题目标

★情感态度

1. 积极探索，对光影的秘密感兴趣。
2. 乐于表达，喜欢交流自己发现的光影秘密。

★知识经验

1. 了解影子的形成。
2. 感知光的反射现象。
3. 知道影子的变化与光线和物体的位置有关。
4. 了解光影原理在生活中的应用。

★综合能力

1. 能用语言、简单符号等表征方式记录自己关于光影的发现。

续表

主题目标

2. 会利用光影的特性制作玩具，玩转光影游戏。
3. 通过实际操作，能使物体的影子随着光源的远近而改变大小。

系列活动		
序号	活动名称	活动形式	科学原理点
1	影子朋友真好玩	集中活动	光影现象
2	踩影子	游戏活动	光影现象
3	会变的影子	集中活动	光影现象
4	大巨人和小矮人	亲子活动	光影现象
5	会说话的手	游戏活动	光影现象
6	影子创想	游戏活动	光影现象
7	镜子里的花园	集中活动	光的反射
8	光飞机	亲子活动	光的反射
9	转一转，看一看	集中活动	视觉暂留

影子朋友真好玩（集中活动）

活动目标

1. 初步了解影子形成的原因，探索影子与光的关系。
2. 体验光影探索活动的乐趣。

活动准备

1. 经验准备：有关于影子的粗浅经验。
2. 物质准备：幻灯机、手电筒、玩具、适合开展影子游戏的场所。

活动过程

一、手影魔术，激发幼儿探索兴趣

引导幼儿用小手与影子做游戏："小手小手变变变，变只螃蟹爬爬爬，变只小狗汪汪汪，变只蝴蝶飞飞飞。"（图1～图3）

图1

图2

图3

二、找影子，了解影子形成的原因

1. 到户外活动，请幼儿找找影子在哪里。
2. 请幼儿说说户外都有哪些影子，如大树的影子、爬梯的影子、小朋友的影子等。（图4～图6）说说什么时候影子会藏了起来。（图7）

有趣的光

图 4

图 5

图 6

图 7

3. 梳理小结：在有光的地方，当物体遮住了光就形成了影子。

三、变影子，探索影子与光的关系

1. 幼儿分组，用玩具挡住光线，观察影子的形状。(图 8、图 9)

图 8

图 9

2. 鼓励幼儿变换自己及玩具的位置，探索影子会有怎样的变化。(图 10)

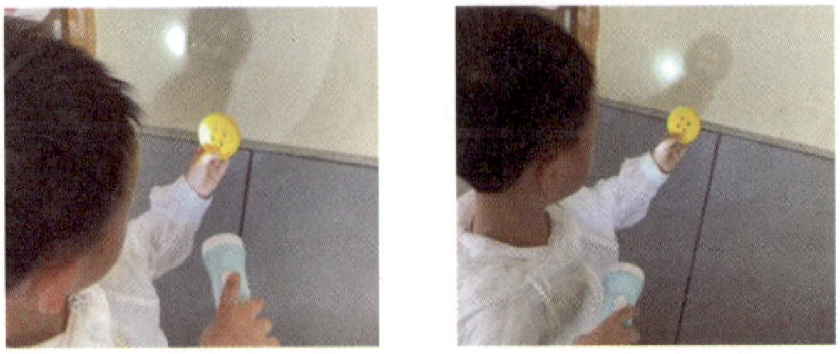

图 10

3. 梳理小结：当物体的形状和位置发生变化，影子的形状、大小、方向也随之改变。

活动延伸

1. 区域活动：你会让影子消失吗？通过观察、实验、探索，使幼儿懂得影子是盖不住的，没有光，影子就会消失了。

2. 家园共育：幼儿与家长共同寻找、发现更多的光影秘密。

踩影子（游戏活动）

游戏目标

1. 了解影子和光的关系。
2. 提升幼儿躲、闪、跑的能力。
3. 乐于参与体育游戏，体验游戏的乐趣。

游戏准备

1. 经验准备：对影子有一定的认识。
2. 物质准备：选择晴朗的天气且有充足的阳光，平整的活动场地。

游戏玩法

1. 踩自己的影子。

让幼儿找一找：自己的影子在什么地方？它是什么样子的？接着，让幼儿分散开来，想办法踩自己的影子。（图1）

2. 踩好朋友的影子。

两个幼儿一组，一个幼儿踩影子，另一个幼儿要边跑边躲闪，尽量不让别人踩

图1

有趣的光

到自己的影子。被踩到影子后互换角色。（图2）

3. 合作踩影子。

幼儿组队合作玩踩影子的游戏，游戏规则可以由幼儿自主制订。（图3）

图 2　　　　　　　　　　　　图 3

游戏指导

1. 重点指导：在踩影子的活动过程中，引导幼儿进一步了解影子和光的关系，启发幼儿思考怎样才能不被踩到影子，培养幼儿的躲闪能力及安全意识。

2. 个别指导：鼓励、带动胆小的幼儿加入踩影子游戏，指导运动能力较弱的幼儿进行四散跑、追逐跑。

游戏延伸

寻找各种道具，让幼儿尝试能否把影子藏起来的游戏。

会变的影子（集中活动）

活动目标

1. 探索影子的大小与物体、光源之间距离的关系。
2. 愿意动手组装"影子"玩具，探索物体影子大小的变化。

活动准备

1. 经验准备：体验过影子现象。
2. 物质准备：飞机卡1张、吸管1根、贴纸1片、蝴蝶卡1张、手电筒1支等。（图1）

图1

活动过程

一、谜语导入，激发兴趣

1. 教师读谜语，幼儿猜谜语。

谜语：头上两根须，身穿彩花袍。飞舞花丛中，快乐又逍遥。（打一昆虫）

2. 提问：小朋友猜出是谁了吗？蝴蝶长什么样子？你见过什么颜色的蝴蝶？它们通常在哪里出现？它们会出现在室内吗？

二、出示材料，引发猜想

1. 引导语：猜猜手电筒能和蝴蝶卡做什么游戏？如果用手电筒照射蝴蝶卡，会出现什么现象？
2. 师幼操作演示，发现蝴蝶的影子。（图2）
3. 梳理小结：影子跟亮光有关系。有亮光，影子就出来了；没有亮光，影子就没有了。

把手电筒照在蝴蝶上

图2

三、动手操作，制作"影子"玩具

1. 幼儿自主探索制作"影子"玩具。（图3、图4）

把吸管放在蝴蝶卡的中下部

图3

然后用贴纸将吸管贴在蝴蝶卡上

图4

有趣的光　9

2. 教师个别指导能力较弱的幼儿完成制作活动。

四、再次操作，探索物体影子大小的变化

1. 幼儿自由探索、寻找影子。

请幼儿一只手拿着蝴蝶卡，另一只手持手电筒照射蝴蝶卡，让其影子出现在地板上。之后，调整手电筒或蝴蝶卡的位置（离远或离近），观察影子是变大了还是变小了。（图5）除了找蝴蝶卡的影子外，幼儿还可找一找飞机卡的影子。

图 5

2. 同伴交流、分享，梳理探索实验中的经验与发现。

引导语：你用什么方法让蝴蝶、飞机的影子变大或变小呢？

3. 梳理小结：改变光和玩具的距离会使影子发生变化。手电筒离玩具越近，影子越大；离得越远，影子越小。

活动延伸

1. 在区域活动中开展找影子游戏，请幼儿把小动物和它对应的影子连起来，还可以给影子涂上漂亮的颜色。

2. 幼儿到户外阳光下继续探索，找一找人、树或其他物品的影子等。

大巨人和小矮人（亲子活动）

活动目标

1. 观察和发现随着光源位置的变化而带来的影子大小的变化。
2. 感受亲子互动玩影子游戏的乐趣，乐于与家人分享自己的发现。

活动准备

物质准备：手电筒、白墙。

活动小贴士

1. 在房间里找一面空白的墙，幼儿离墙一段距离坐好，调暗室内灯光，家长在幼儿身后打开手电筒，引导幼儿观察自己的影子；家长移动光源，幼儿做动作并观察影子大小的变化。（图1）

图1

2. 鼓励幼儿跟着音乐做出自己喜欢的动作，家长拍摄游戏小影片并分享。
3. 注意光线的照射方向，不要直接照射眼睛。
4. 有条件的家长可以带幼儿去光影艺术馆感受光影的魅力。

会说话的手（游戏活动）

游戏目标

1. 能通过探索与尝试各种手影造型，感受手影游戏的多变性和趣味性。
2. 喜欢探索光影现象，在不断变化光源与挡光物距离和位置的过程中，感知、探索影子的变化。

游戏准备

1. 经验准备：体验过影子现象。

2. 物质准备：手电筒、黑暗的环境。（图1、图2）

图1 　　　　　　　　　图2

游戏玩法

1. 通过双手的张合、弯曲等摆成不同的造型，以及利用手电筒投影到墙面、白布或白纸上。靠手部动作投影的改变，创造出各种不同的形象。（图3）

2. 根据参考图，跟同伴一起试着模仿手影小动物，让幼儿猜猜看，表演的是哪种动物；或试着创编出手影故事，完成手影表演。（图4）

图3

手影样式图

大螃蟹	驴	啄木鸟	小刺猬	袋鼠
鹅	海鸥	梅花鹿	小花猫	孔雀
狐狸	犀牛	狗	猫头鹰	蜗牛

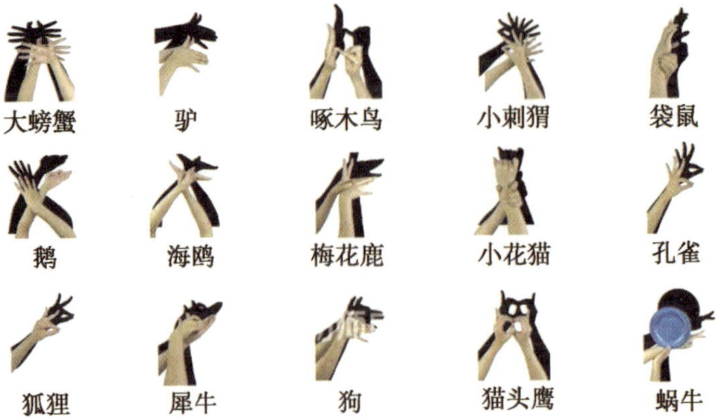

图4

影子创想(游戏活动)

> **游戏目标**

1. 通过欣赏不同影子的造型,知道影子有各种变化。
2. 能够运用工具勾勒出影子的基本造型,并进行简单的添画。
3. 体验画影子的快乐,在描描画画中感知影子造型的美与趣。

> **游戏准备**

物质准备:晴天有太阳或手电筒、玩具或生活中常见物品、记号笔、颜料、画笔、画纸等。

> **游戏玩法**

1. 画影子。

寻找幼儿喜欢的玩具或物品;将物品顺着阳光或者灯光投影在纸上,幼儿将纸上的影子用笔勾勒出来。(图1、图2)

图1 　　　　　　　　　图2

2. 影子借形想象。

将物品转动几个方向,让幼儿说说纸上的影子像什么,鼓励幼儿在影子轮廓的基础上进行借形想象添画创作。(图3、图4)

有趣的光　13

图 3 　　　　　　　　　　　　　图 4

3. 影子涂鸦。

准备一张大画纸、画笔、颜料，将树枝投影在地上的阴影部分画出来，还可以用水彩颜料涂鸦创作。（图 5、图 6）

图 5 　　　　　　　　　　　　　图 6

4. 影子畅想。

对阳光下的人影，用各种材料摆一摆、画一画，创造出不同的形象。（图 7、图 8）

图 7 　　　　　　　　　　　　　图 8

游戏指导

1. 重点指导：引导幼儿利用更多的物品，如积木、杯子、书本、公仔等进行影子描画、装饰；引导幼儿体验影子的变化，感受影子生动多变的形象，激发创作影子绘画的趣味性；在影子描画的过程中，引导幼儿发现光源的远近、光照射的角度会让影子的大小、形状产生变化。

2. 个别指导：鼓励幼儿大胆地表现自己，主动进行作品分享，增强幼儿的自信心和审美能力。

游戏延伸

除了画人身体的影子，自行车、滑板车等各式物品都可画起来，还可以在画好的影子画上进行二次加工，让画画变成一件有趣又能无限延展的事儿。

镜子里的花园（集中活动）

活动目标

1. 能利用镜子找到物体的另一半，形成完整的物体。
2. 感知和体验平面镜成像的现象。
3. 乐于探索，对成功感到喜悦。

活动准备

1. 经验准备：玩过镜子。
2. 物质准备：镜子1面、蝴蝶纸卡1张、花园图纸1张等。（图1）

图1

活动过程

一、图片导入，激发幼儿的兴趣

有趣的光　15

1. 出示半边的蝴蝶，提问：你有什么好办法帮助蝴蝶找到另一半？
2. 出示镜子，提问：镜子能帮助蝴蝶找到另一半吗？

二、第一次操作，初步尝试帮蝴蝶找到另一半

1. 引导语：蝴蝶的四周标有四条线，请你把镜子分别竖放在线上，找一找镜子放在哪一条线上能帮助蝴蝶找到它的另一半，变成一只完整的蝴蝶。
2. 幼儿操作，教师巡回指导。
3. 集中分享：你帮蝴蝶找到另一半了吗？请幼儿演示不同的操作结果。（图2～图5）

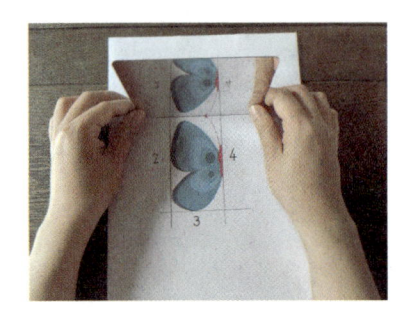

图 2

图 3

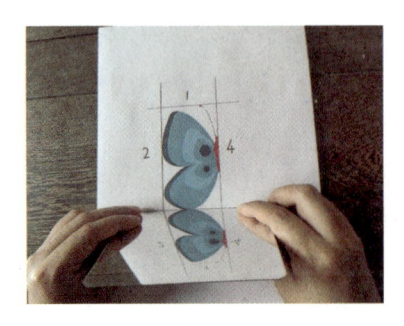

图 4

图 5

4. 梳理小结：将镜子立在第四条线上，镜子里会出现一样的半只蝴蝶，并且两个半只蝴蝶合起来就像是整只蝴蝶了。

三、第二次操作，帮助花园图纸里的小动物和花朵找另一半

1. 幼儿操作，利用镜子找到小动物、花朵的另一半。（图6、图7）
（1）引导语：你帮助蝴蝶找到了另一半，蝴蝶想请小朋友也帮帮花园里的小

动物和花朵找到另一半。

（2）幼儿操作后交流分享。

（3）梳理小结：把镜子放在合适的位置可以找到物体的另一半。

图6　　　　　　　　　　　图7

2. 幼儿寻找让蝴蝶动起来的办法。（图8）

（1）引导语：你有办法让蝴蝶动起来吗？

（2）幼儿操作后交流分享。

（3）梳理小结：镜子紧紧贴着图片中的蝴蝶，保持连接的地方不动，晃动镜子（或纸张），蝴蝶看起来就像在飞一样。

图8

四、联系生活，感受平面镜成像在生活中的应用

1. 引导语：在生活中，平面镜成像现象还有很多，我们一起来看一看吧。

2. 梳理小结：生活中平面镜成像现象有很多，比如水中的倒影，试衣服的镜子可以看到自己的全身，牙医用小平面镜观察牙齿，等等。

活动延伸

1. 区域游戏：科学区提供平面镜、手电筒、雪花片，让幼儿体验更多有趣的光反射现象。

2. 家园共育：幼儿和爸爸妈妈一起寻找身边的平面镜成像现象。

有趣的光

光飞机（亲子活动）

活动目标

1. 感知和体验飞机镂空卡经镜子的反射产生光飞机的现象。
2. 乐于动手制作光飞机玩具及探索玩具的玩法。

活动准备

1. 经验准备：观察或体验过在阳光下照镜子。
2. 物质准备：镜子1面、飞机镂空卡1张、蝴蝶镂空卡1张、双面胶、手电筒等。（图1）

图 1

活动小贴士

1. 幼儿拿出实验材料，说一说它们的名称，猜一猜它们的用途。
2. 亲子制作属于自己的光飞机，探索光飞机的玩法。

（1）把镜子上的保护贴纸揭掉。（图2）

（2）把飞机卡与镜子重叠在一起，必要时可用双面胶固定。两手握紧镜子和飞机卡。（图3）

图 2 　　　　　　　　　　图 3

(3)选择合适的场地,面向阳光(或灯光),调节镜子的位置,直到墙壁上或地面上出现飞机的影子,这就是光飞机了。(图4、图5)

图4

图5

3. 和幼儿一起探讨:怎样拿镜子,才能让光飞机出现?你能让光飞机变大或变小吗?你能让光飞机跑起来吗?

4. 进行"光飞机大战":请幼儿和家长两两合作或家庭成员合作,操纵墙壁上或地面上自己的光飞机互相碰撞或你追我赶;幼儿和家长一起剪裁出自己喜欢的动物镂空卡片,如蜻蜓、瓢虫等,一起玩光蜻蜓、光瓢虫等游戏。

转一转,看一看(集中活动)

活动目标

1. 在玩旋转玩具的过程中初步感知和体验视觉暂留现象。
2. 乐于动手制作视觉暂留玩具,体验小实验的乐趣。

活动准备

1. 经验准备:有制作贴画的经验。
2. 物质准备:圆纸片4个、吸管2根、贴画4个、蝴蝶采花成品玩具1个等。(图1)

有趣的光

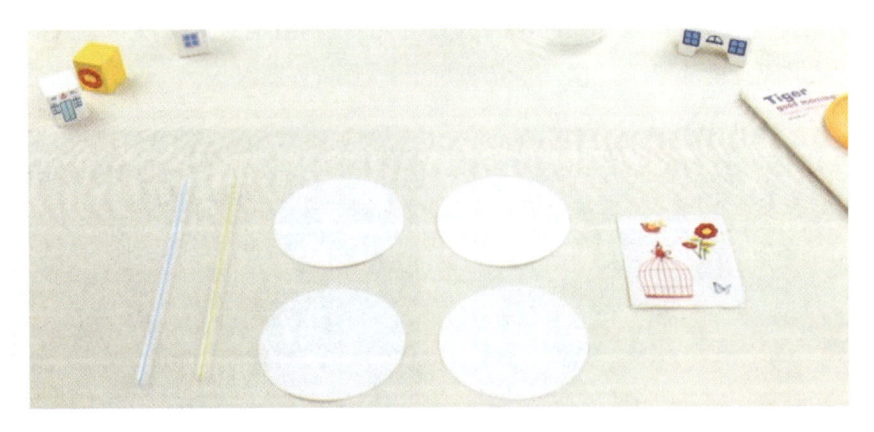

图 1

活动过程

一、出示玩具，发现视觉暂留现象的奇妙

教师提前在圆纸片的两侧分别粘贴上蝴蝶和花朵，做成蝴蝶采花玩具。教师出示并转一转该玩具，引起幼儿的兴趣。

1. 引导语：老师手里的这个玩具用到了哪些材料？

2. 教师引导幼儿观察玩具：圆纸片的两面贴的东西一样吗？蝴蝶和花朵是分开的还是在一起的？

3. 教师指导个别幼儿操作玩具：快速转动吸管时，你观察到了什么现象？你想做一个这样的玩具吗？

4. 梳理小结：当快速转动吸管时会看到蝴蝶采花的现象。

二、幼儿制作蝴蝶采花或小鸟入笼玩具，自由探索视觉暂留现象

1. 导入语：老师为小朋友们准备了一些材料，请你们根据提示卡制作自己喜欢的玩具。

操作引导：

（1）把一个圆片上的双面胶贴纸撕掉，然后将吸管粘贴在圆片上。将另一个圆片与之重叠粘好。（图2～图4）

图 2

图 3

图 4

（2）在圆片的一面贴上花朵（或鸟笼），另一面贴上蝴蝶（或小鸟）。贴的位置不同，能营造出不同的视觉暂留效果。（图5、图6）

图 5

图 6

2. 幼儿操作，教师观察指导。

提问：把蝴蝶贴在花朵对应的哪个位置能看到你想要的效果？你想让小鸟钻到笼子里，还是飞出笼子呢？

有趣的光

3. 幼儿两手交替搓动吸管，观察圆纸片上的图案发生了什么变化。（图7）

图7

4. 集中分享。

教师引导幼儿发现与思考实验现象。提问：两手交替搓动吸管时，你会看到什么现象？比较快速地搓动吸管和缓慢地搓动吸管，看到的现象有什么不同？快速地搓动吸管时，你看到的蝴蝶和花朵（或小鸟和笼子）是分开的还是在一起的？

5. 梳理小结：将小鸟和笼子、蝴蝶和花朵两幅画面分别粘贴在圆片的两面，当我们快速转动圆片时，会出现小鸟进笼、蝴蝶找花的现象。其实这是人眼的一种生理现象，叫作视觉暂留。因为我们看到东西以后会将它的影像留在视网膜上，当这个东西消失时，眼睛会短暂产生这个东西还在的错觉。

三、联系生活，发现生活中的视觉暂留现象

1. 观看录像，发现生活中的视觉暂留现象。

2. 梳理小结：生活中的视觉暂留现象有很多，比如最早的应用——走马灯、电影和动画片的放映等。

活动延伸

1. 区域游戏：幼儿可寻找其他贴画或剪出图案，如鱼缸、小鱼、人脸、眼睛等，继续探索视觉暂留现象。

2. 家园共育：幼儿和家长一起查找视觉暂留相关资料，带到幼儿园与同伴分享自己的发现。

奇妙的水

（叶晓雅　胡玉梅　杨金娜）

水是生命之源，是大自然赋予我们最宝贵的礼物。幼儿喝水、洗手、洗澡，天天与水密切接触。大部分幼儿都喜欢玩水，他们对水的现象和特性有极大的兴趣。为什么洗手的时候，水会从指缝中流下去？为什么果汁有各种各样的颜色？为什么小船会浮在水面上？……一系列问题引发了幼儿的探究欲望。教师可以设计系列活动，引导幼儿通过观察、操作、实验等方法，了解水的特性，与水一起做游戏，发展观察力、想象力和创造力，萌发节约用水的意识。

主题目标

★情感态度

1. 积极探索，对水的特性感兴趣。
2. 在游戏中动手动脑，并愿意表达自己的想法和发现。
3. 体验玩水的乐趣，萌发节约用水的意识。

★知识经验

1. 了解水的特性，知道水是无色无味、透明、可流动的。
2. 感知发现某些物质能溶解在水中。
3. 探索物体在水中的沉浮现象。
4. 初步感知水的表面张力。
5. 发现疏水性材料在水里不会湿。

续表

主题目标

★综合能力

1. 能通过观察、比较、操作等方法，验证自己的猜想。
2. 在探究过程中能积极动手动脑寻找答案或解决问题，发展观察力、想象力和创造力。
3. 会利用水的特性进行各种游戏及美术创作。

系列活动一览表

序号	活动名称	活动形式	科学原理点
1	生活中流动的水	亲子活动	水的流动性
2	快乐运水	集中活动	水的流动性
3	吹画	游戏活动	水的流动性
4	吹泡泡	游戏活动	水的表面张力
5	有趣的泡泡膜	集中活动	水的表面张力
6	水面浮针	游戏活动	水的表面张力
7	玩具水中游	集中活动	沉与浮
8	小船快跑	游戏活动	沉与浮
9	神奇的小水珠	集中活动	亲、疏水性
10	奇妙的疏水性	亲子活动	亲、疏水性

生活中流动的水（亲子活动）

活动目标

1. 了解水的特性，知道水是无色无味、透明、可流动的。
2. 通过观察、触摸和体验，感知水的流动状态。
3. 萌发节约用水的意识。

活动准备

1. 经验准备：见过自然界中的水流现象，如溪流、瀑布等。
2. 物质准备：玩具，盆子、花洒壶等器皿。
3. 情境创设：洗手、浇花等情境。

活动小贴士

1. 在日常生活中，引导幼儿关注用水的情境，比如洗手、淋浴、浇花（图1）等，说一说：水是什么颜色？什么形状？水从皮肤上流过有什么感觉？

2. 鼓励幼儿自己的事情自己做，并主动参与简单的家务劳动，如饭前便后用流动的水把小手洗干净，学习自己淋浴，和爸爸妈妈一起清洗自己的玩具（图2）等，充分给予幼儿动手实践的机会，让幼儿在生活中感知水的流动。

图 1 　　　　　　　　　图 2

奇妙的水

3. 家长利用节假日带幼儿去大自然中玩水,如海边拾贝、溪边钓鱼等,在游玩中观察和体验水的流动状态。

4. 引导幼儿认同水是宝贵的资源,和家人一起制订节约用水行动计划,身体力行地进行节水行动。

快乐运水(集中活动)

活动目标

1. 感知水会流动的特征。
2. 能大胆尝试用不同的方法帮水搬家,体验玩水的乐趣。
3. 萌发节约用水、保护水资源的情感。

活动准备

1. 经验准备:初步了解水的特征。
2. 物质准备:幼儿园玩水区,玩水材料(水盆、沥水筐、提篮、注射器、海绵、空矿泉水瓶、毛巾、纸杯、布袋等)。

活动过程

一、谈话导入,激发兴趣

1. 引导语:水宝宝想请小朋友们帮助它搬家,你们有什么好办法?
2. 鼓励幼儿大胆发表自己的想法。

二、自主操作,探究帮水宝宝搬家的方法

(一)第一次运水——寻找能够用来运水的工具和方法

1. 出示运水工具,提出操作要求。

引导语:刚才小朋友们想出了很多好办法,真不错!今天老师准备了一些运水工具,每个小朋友自选一件工具(图1、图2),试一试帮助水宝宝搬家。注意不弄湿衣服，保护好水宝宝，不要把水宝宝弄丢。

图1　　　　　　　　　　　　　图2

2. 幼儿自选运水工具，自主探究。

3. 集中分享、交流：你用什么工具、什么方法帮水宝宝搬家？成功了吗？

4. 梳理小结：因为水会流动，所以没有缝隙的工具，比如水桶、水杯等可以帮水宝宝搬家，而一些工具有缝隙，比如沥水筐等就没有办法帮水宝宝搬家。还可以用海绵、毛巾吸水等方法让水宝宝成功地搬进了新家。

（二）第二次运水——探索不洒水的秘密

1. 提问：刚刚在运水的时候，水宝宝有没有洒出来？在运水过程中，有什么办法可以不让水洒出来呢？

2. 幼儿第二次运水，教师观察幼儿在运水过程中是怎样不让水洒出来的，并适当引导。

3. 集中分享、交流：小朋友们，刚刚你们是用什么样的方法不让水宝宝洒出来的？

4. 梳理小结：原来小朋友们想出了这么多的好办法。比如，在选择工具的时候要选择瓶口小一点的，动作幅度要稍微小一点，走路的速度也要放慢一些。

三、联系生活，萌发节约用水的情感

1. 教育幼儿要节约用水。

引导语：刚才在运水时还是有水洒出来。在我国一些地区出现了严重干旱，那里的小朋友连喝水都困难，所以我们要节约每一滴水。

2. 师幼讨论节约用水的方法，如从自己做起，节约每一滴水，用完水后关紧水龙头，一些用过的水还可以二次利用等。

奇妙的水

活动延伸

开展"南水北调"游戏，把玩水区或水龙头流出的水引到花圃、菜地、沙池、小树林等。

吹画（游戏活动）

游戏目标

1. 初步学会吹画的方法，并在吹画游戏中感受水的流动特性。
2. 喜欢用吹画的方式创作，发展想象力和创造力。

游戏准备

1. 经验准备：对喷壶、滴管、吸管、颜料的使用有一定的操作经验。
2. 物质准备：五颜六色的颜料（浓度适中）、喷壶、滴管、吸管、调色盘、画笔、纸张、贴贴纸、立体眼睛、毛根、棉签等。

游戏玩法

1. 彩色水彩画：幼儿根据自己的喜好，取水彩颜料滴在纸上，然后用嘴或吸管对着纸上的颜料吹气，在纸上形成独特的水彩画。（图1、图2）请幼儿说一说形成的水彩画像什么。

2. 彩色雾画：幼儿先在纸上喷一些清水，然后用吸管蘸取颜料吹在纸上，在水雾中形成独特的彩色画面，并与同伴互相欣赏、交流作品。

3. 想象添画：添加贴贴纸、眼睛、棉签等辅助物，引导幼儿在吹画过程中进行想象创作。如先在纸上贴1～3个圆形贴贴纸，然后在贴贴纸的中间滴上几滴颜料，用嘴或吸管将颜料吹成绽放的一团，最后将贴贴纸撕掉，这样就吹出了一只可爱的情绪小怪兽，或者在吹成绽放一团的颜料上进行添画。（图3）

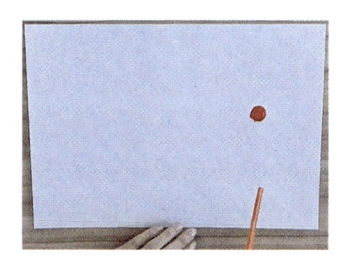

图 1 　　　　　　　　　图 2 　　　　　　　　　图 3

游戏指导

1. 重点指导：提醒幼儿在吹画过程中不要将颜料吸进嘴巴；引导幼儿观察水的流动现象；鼓励幼儿大胆想象，并与同伴交流自己的吹画作品。
2. 个别指导：引导幼儿控制吹气的力度，尝试找到合适的吹画方法。

游戏延伸

幼儿收集纸箱、棉布、竹片、木板等材料，引导幼儿在不同的材质上进行吹画和想象添画。

吹泡泡（游戏活动）

游戏目标

1. 尝试自制泡泡水并玩吹泡泡游戏，体验玩泡泡的乐趣。
2. 尝试用各种方式和材料吹泡泡并观察泡泡的变化，提高观察能力。

游戏准备

1. 经验准备：玩过吹泡泡游戏。
2. 物质准备：洗洁精、甘油、水、吸管、滴管、颜料盘、小勺等。

奇妙的水

游戏玩法

1. 调制泡泡水。

将洗洁精、甘油、水倒入颜料盘中，搅一搅、吹一吹混合后的液体，观察能否吹出泡泡。如果泡泡容易破裂，引导幼儿调整洗洁精、甘油或水的用量，直至吹出的泡泡不易破裂。（图1、图2）

图1 　　　　　　　　　图2

温馨小提醒：自制泡泡水时要将洗洁精、甘油搅拌均匀。

2. 吹泡泡。

（1）幼儿收集各种材料作为吹泡泡的工具，自由探索吹泡泡的不同玩法，如吹出密集的小泡泡、吹出一个大泡泡、吹出泡中泡等。（图3～图5）

图3 　　　　　　图4 　　　　　　图5

（2）引导幼儿用不同形状的工具（图6）吹泡泡，观察吹出的泡泡是什么形状的，感知用圆形、正方形、三角形等工具吹出来的泡泡都是圆形的。

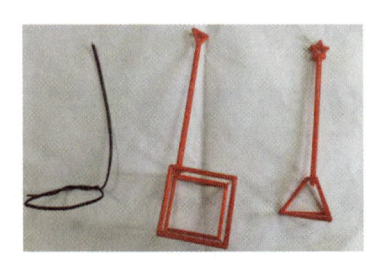

温馨小提醒：吹泡泡时注意不要将泡泡水吸入嘴中，如果不小心吸入嘴中，要及时用清

图6

水漱口。

3. 鼓励幼儿自创玩法，如追泡泡、弹泡泡、赶泡泡等，比比看谁的泡泡保持的时间更长。

游戏指导

1. 重点指导：调制泡泡水时要控制好洗洁精、甘油和水的比例，先将洗洁精和水倒入颜料盘，再少量多次慢慢地加入甘油，直到泡泡水调制成功；鼓励幼儿大胆尝试用各种工具、材料玩泡泡。

2. 个别指导：指导动作协调性较弱的幼儿控制洗洁精、甘油的用量。

游戏延伸

幼儿和家长一起收集资料，找一找还可以用哪些材料自制泡泡水，哪一种泡泡水吹出的泡泡效果最好。

有趣的泡泡膜（集中活动）

活动目标

1. 发现泡泡膜的形状和捞泡泡工具的形状有关。
2. 对泡泡膜的变化感兴趣，体验玩捞泡泡游戏的乐趣。

活动准备

1. 经验准备：玩过吹泡泡游戏；认识圆形、三角形、长方形、花形、爱心形、叶子形、星星形和月亮形等图形。

2. 物质准备：捞泡泡用的平面、立体工具若干，泡泡液，器皿，抹布，罩衣等。

奇妙的水

> **活动过程**

一、谈话导入，激发兴趣

引导语：生活中，你在哪里见到过泡泡？你是怎么和它做游戏的？（在洗头、洗澡、洗衣服、洗碗时都会搓出泡泡，玩吹泡泡游戏时也会吹出泡泡。）

二、第一次操作，感知泡泡膜形状和平面捞泡泡工具的关系

1. 观察平面捞泡泡工具，引发幼儿猜想。

引导语：这里有很多捞泡泡工具，它们都长什么样？用这些工具捞泡泡会发生什么？

2. 幼儿操作探索，验证猜想。

3. 集中分享，交流操作结果。

提问：你用的是什么形状的捞泡泡工具？捞出的泡泡膜是什么样子的？

4. 梳理小结：用不同形状的捞泡泡工具捞出的泡泡膜形状不同，但捞出的泡泡膜的形状和捞泡泡工具的形状是一模一样的。（图1、图2）

图1 　　　　　　　　　图2

三、第二次操作，感知泡泡膜形状和立体捞泡泡工具的关系

1. 观察立体捞泡泡工具，引发幼儿猜想。

引导语：这是什么形状的捞泡泡工具？如果用这样的捞泡泡工具捞泡泡，捞出的泡泡膜会是什么样子的？

2. 幼儿分组操作，验证猜想。

3. 集中分享，交流操作结果。

提问：在刚才的游戏中，你用了哪一种捞泡泡工具？捞出的泡泡膜是什么样子的？

4. 梳理小结：用立体捞泡泡工具捞出的泡泡膜的形状和捞泡泡工具的形状有关。（图 3～图 5）

图 3　　　　　　　　　图 4　　　　　　　　　图 5

四、自主游戏，感受捞出不同泡泡膜的乐趣

1. 引导语：活动室里还有哪些玩具可以用来捞泡泡？又会捞出什么形状的泡泡膜？

2. 幼儿自主寻找材料玩游戏，教师观察指导。

3. 梳理小结：泡泡世界真有趣，用不同的材料可以捞出不同形状的泡泡膜。（图 6～图 8）

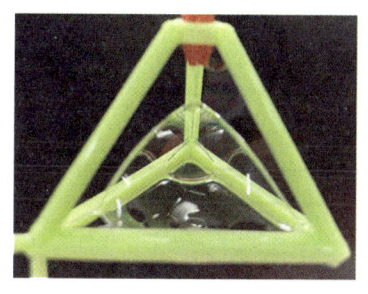

图 6　　　　　　　　　图 7　　　　　　　　　图 8

活动延伸

区域活动：提供软铜丝或铁丝，让幼儿制作各种形状的捞泡泡工具，在科学区继续玩捞泡泡的游戏。

奇妙的水

水面浮针（游戏活动）

游戏目标

1. 能利用水的表面张力使回形针浮在水面上。
2. 在探究过程中积极动手动脑寻找答案。

游戏准备

1. 经验准备：有一定的玩水经验。
2. 物质准备：水、餐巾纸、回形针、硬币、树叶、花瓣、木棒等。

游戏玩法

1. 依托餐巾纸使回形针浮在水面上。幼儿准备好餐巾纸、回形针和装水的杯子，依托餐巾纸将回形针轻轻地放在水面上，感知水的表面张力可以让纸巾托起回形针悬浮在水面上。（图1）

2. 不依托餐巾纸使回形针浮在水面上。幼儿准备好回形针和装水的杯子，将回形针轻轻地放在水面上，观察回形针是否可以浮在水面上，感知水的表面张力可以使回形针悬浮在水面上。（图2）

图1 　　　　　　　　图2

3. 利用多种方法使不同的材料浮在水面上。幼儿自主选择生活中的其他材料，如硬币、树叶、花瓣等，观察所使用的材料依托餐巾纸是否可以悬浮在水面上。

游戏指导

1. 重点指导：鼓励幼儿观察、对比依托餐巾纸和不依托餐巾纸的材料在水面的悬浮现象，感知水的表面张力能使材料悬浮在水面上。
2. 个别指导：放置回形针、花瓣等材料时要轻拿轻放。

游戏延伸

将花瓣、回形针等材料放置在泥工垫板或卡纸、塑料纸、牛皮纸等纸张上，探索材料是否可以悬浮于水面上。

玩具水中游（集中活动）

活动目标

1. 探索物品在水中的沉浮现象。
2. 乐意在水中摆弄物品，体验玩水的乐趣。

活动准备

1. 经验准备：有玩水的经验。
2. 物质准备：钥匙、回形针、硬币、空塑料瓶、积木、雪花片、不锈钢及塑料调羹、塑料夹子、木夹子、小石子、叶子、弹珠、乒乓球、海洋球等，装水的容器（盆或桶），生活中沉浮现象的图片（轮船、游泳圈、浮标、潜水艇）。

活动过程

一、谈话激趣，引发幼儿猜想

1. 引导语：玩具放在水中会怎么样？

奇妙的水　35

2. 鼓励幼儿大胆猜想。

二、动手操作，发现物品在水中的沉浮现象

1. 幼儿自主探索验证猜想，教师观察指导。

2. 以寻找"沉下去的好朋友"和"浮上来的好朋友"的形式进行交流分享，让幼儿感知物品在水中的沉浮现象。

3. 梳理小结：像乒乓球、海洋球、空塑料瓶这样漂在水面上的现象叫浮，像小石子、硬币、弹珠这样沉入水底的现象叫沉。（图1）

图1

三、观看图片，了解沉浮现象在生活中的应用

1. 提供生活中沉浮现象的图片，与幼儿共同讨论和分享。

2. 梳理小结：沉浮现象与人们的生活密不可分。聪明的人类利用沉浮的原理创造发明了很多东西，如轮船、游泳圈、浮标、潜水艇等。（图2～图5）希望小朋友们从小学好本领，长大当科学家，发明新的东西，为人类做许多事情。

图2

图3

图4

图5

活动延伸

1. 区域活动：科学区继续探究其他物品的沉浮现象。
2. 家园共育：幼儿在生活中寻找其他物品的沉浮，如鸡蛋的沉与浮、纸的沉与浮等。

小船快跑（游戏活动）

游戏目标

1. 能利用水的浮力使小船漂浮在水面上。
2. 在游戏过程中喜欢动手动脑，并愿意表达自己的想法和发现。

游戏准备

1. 经验准备：具有将物品放在水面上的操作经验。
2. 物质准备：装有水的大盆、带孔海绵块、剪刀、卡纸、瓶盖、超轻粘土、牙签、扇子、吸管、纽扣、回形针、毛球等。

游戏玩法

1. 尝试用带孔海绵块、剪刀、卡纸、瓶盖、超轻粘土、牙签等材料自制简易小船。（图1）
2. 尝试用扇子、吸管、手、嘴巴等让小船在水面上动起来，观察小船在水面上的漂浮现象。（图2）
3. 鼓励幼儿自创玩法，在小船上增加小物件，如纽扣、回形针、毛球等，观察小船的沉浮现象。

奇妙的水

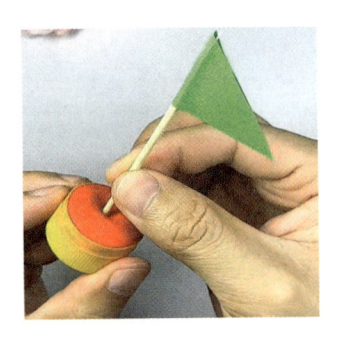

图 1　　　　　　　　　　　图 2

游戏指导

1. 重点指导：鼓励幼儿观察小船在水面上的漂浮情况，不断提升游戏中的经验，如在小船上投放回形针、纽扣、毛球等小物件并逐渐增加物件的数量后，小船慢慢下沉，反之，小船慢慢上浮。

2. 个别指导：在制作小船的过程中，对手眼协调性较弱的幼儿进行有针对性的指导。

游戏延伸

探索用不同材质制作的小船，如纸船（卡纸、皱纹纸、瓦楞纸、塑料纸）、木船等在水面上漂浮的情况，对比不同材质的小船在水面上的漂浮时长。

神奇的小水珠（集中活动）

活动目标

1. 观察水珠的多种形状，感知水滴落在不同材质的物体表面上呈现出的形状是不同的。

2. 初步感知要想得到圆滚的水珠就要让水珠落在疏水性材料上。

3. 体验在塑料垫板上玩水珠的乐趣，萌发对疏水现象的探究兴趣。

活动准备

1. 经验准备：见过小水珠，知道有些小水珠是圆形或椭圆形的。
2. 物质准备：水珠的图片、彩色水、餐巾纸、塑料垫板、勺子、滴管、纸杯等。

活动过程

一、参观水珠图片展，知道水珠有多种形状

1. 幼儿参观水珠图片展。

引导语：你在哪里见过水珠？你看到的水珠是什么样子的？教室的展板上有各种各样的水珠图片，去看一看这些水珠是什么样的吧。（图1、图2）

图1 图2

2. 幼儿分享交流观察到的各种水珠的形状。
3. 梳理小结：水珠的形状各不相同，有圆球形、扁圆形、椭圆形、不规则形状。

二、第一次操作：发现滴在不同材料上的水珠会有不同的形状

（一）展示材料，引发猜想

引导语：操作盘里有餐巾纸、塑料垫板，猜一猜如果把彩色水滴到餐巾纸、塑料垫板上，彩色水珠会是怎样的？

（二）幼儿操作，验证猜想

1. 结合材料提出操作要求。

（1）将塑料垫板、餐巾纸平铺在桌面上。

（2）用勺子或滴管取彩色水，滴在不同材料上，每次的量不要太多。（图3、图4）

奇妙的水　39

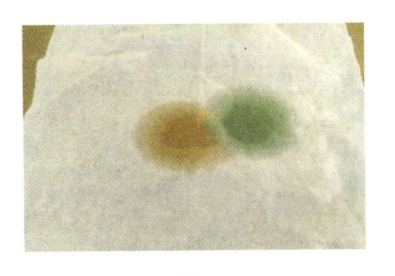

图3 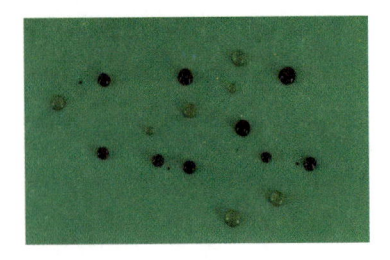　　　　　　　　　　　图4

(3) 注意观察水珠的形状，验证自己的猜想。

2. 幼儿动手操作，教师观察指导。

3. 围绕"水滴落在什么材料上容易形成小圆球的样子"进行交流分享。

4. 梳理小结：纸巾内部有很多微小的孔隙，水会通过这些孔隙被吸收进纸巾，所以不会形成小水珠；塑料垫板内部没有小孔隙，水不会被垫板吸收，就会形成圆球状的水珠。原来水滴落在不吸水（疏水）的材料上容易形成圆球状的水珠。

三、第二次操作：利用塑料垫板的疏水性继续探究水珠的新玩法

1. 鼓励幼儿尝试用刮一刮、吹一吹、滚一滚、连一连等方式继续在塑料垫板上探究水珠的各种玩法，注意观察水珠在塑料垫板上的形状。（图5～图8）

图5 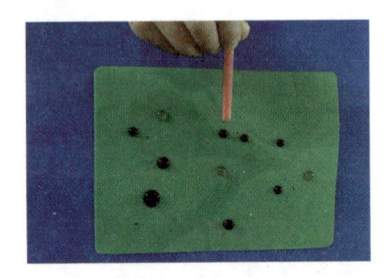　　　　　　　　　　　图6

图7 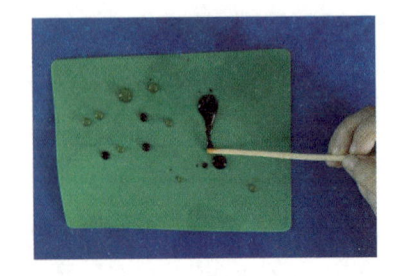　　　　　　　　　　　图8

2. 幼儿动手操作，教师观察指导。

3. 梳理小结：不管用什么方式在塑料垫板上玩水珠，塑料垫板上的水珠都是小圆球的形状。

活动延伸

区域活动：幼儿寻找班级里的其他材料，如宣纸、报纸、书本封面、木块、塑料片等，猜想滴落到上面的水珠是什么形状，然后进行实验操作，看是否和自己的猜想一致。

奇妙的疏水性（亲子活动）

活动目标

1. 对生活中的疏水现象感兴趣。
2. 发现疏水性材料在水里不会湿，了解疏水性材料在生活中的用途。

活动准备

物质准备：荷花、狗尾巴草、蒲公英、雨衣、雨伞、雨鞋、土豆、玻璃等。

活动小贴士

1. 带领幼儿观察雨后荷叶上的小水珠，发现小水珠能在荷叶上滚动，荷叶不会被水打湿，对生活中的疏水现象感兴趣。

2. 与幼儿继续寻找生活中的疏水现象，引导幼儿发现更多的疏水性材料，比如狗尾巴草、蒲公英、雨衣、雨伞、雨鞋、土豆切片涂抹过的玻璃表面等。（图1～图3）

3. 鼓励幼儿和家长一起用土豆切片涂抹家里的玻璃、车辆后视镜、浴室镜子，进一步了解疏水性材料在生活中的应用。

奇妙的水

图1 图2 图3

中 班

磁铁的秘密

（张小臆　杨颖虹　姜雅静）

磁铁是幼儿日常生活中经常见到和经常玩的物品，幼儿对生活中各种各样的磁铁有极大的兴趣。为什么磁铁会吸在白板上呢？磁铁还能吸什么？它还藏着什么秘密呢？……一系列问题引发了幼儿的探究欲望。教师可以设计系列探究活动，引导幼儿通过观察、比较、操作、实验等方法，认识身边无处不在的磁铁，对幼儿进行科学启蒙教育，发展其初步的科学探究能力。

主题目标

★ 情感态度

1. 积极探索，对磁铁的秘密感兴趣。
2. 乐于表达，喜欢交流自己发现的磁铁秘密。
3. 愿意协作，感受玩磁铁的乐趣。

★ 知识经验

1. 发现磁铁吸铁的特性。
2. 感知磁铁的磁力具有一定的穿透性，能隔物吸铁。
3. 知道磁铁有两极，且异极相吸、同极相斥。
4. 探索磁铁能使铁质的物体磁化。
5. 了解磁铁在生活中的用途。

续表

主题目标

★综合能力

1. 能通过观察、比较、操作、实验等方法，验证自己的猜想。
2. 能用表格、图画、符号等多种表征方式记录磁铁探究结果。
3. 会利用磁铁的特性制作玩具。

系列活动一览表			
序号	活动名称	活动形式	科学原理点
1	认识磁铁	集中活动	磁铁吸铁
2	生活中的磁铁	亲子活动	磁铁吸铁
3	溜冰的小人	集中活动	隔物吸铁
4	营救小动物	游戏活动	隔物吸铁
5	绘本里的磁铁	亲子活动	磁铁的各种特性
6	有趣的两极	集中活动	异极相吸、同极相斥
7	连接小火车	游戏活动	异极相吸、同极相斥
8	营救企鹅行动	集中活动	磁化
9	回形针游戏	游戏活动	磁化
10	神奇的燕尾夹	集中活动	磁化

认识磁铁（集中活动）

活动目标

1. 感知磁铁吸铁现象，知道磁铁具有吸铁的特性。
2. 尝试记录实验结果，并大胆地表达探究结果。
3. 喜欢玩磁铁，对生活中的磁铁现象感兴趣。

活动准备

物质准备：条形磁铁、铁罐子、记录表、笔、钓鱼游戏材料（小鱼卡片、磁铁、回形针、细绳、小棍）、沙中寻宝材料（磁铁、细沙、铁制品、非铁制品）、磁力片。

活动过程

一、实物导入，激发幼儿活动兴趣

1. 出示磁铁。

引导语：今天老师请来了一个神秘的朋友，它能提起比自己大的东西。

2. 展示磁铁吸起铁罐子。

3. 梳理小结：它看起来黑乎乎的，能吸起比它自己大的东西，它的名字叫作磁铁。

二、实践操作，感受磁铁吸铁的特性

1. 在活动室中寻找磁铁的好朋友。

引导语：磁铁朋友说它还能吸起很多东西，这是真的吗？活动室里有各种各样的东西，请你拿着磁铁在活动室里试一试、吸一吸，并把磁铁能吸住的物体记录下来（记录表见表1）。

磁铁的秘密　47

表1 "磁铁的好朋友"记录表

实验物品	能否吸引

我发现：

2. 幼儿分享交流，教师根据幼儿的回答分类记录在集体记录表上。

引导语：你刚才用磁铁吸了什么？哪些能吸住？哪些不能吸住？

3. 梳理小结：原来磁铁朋友的本领也不是万能的，不是所有的东西都能被它吸住。像回形针、螺丝钉、铁勺子等铁制品能被磁铁吸住，而纸片、玻璃球、雪花片、木质积木等不能被磁铁吸住。

三、分组游戏，巩固知识，感受磁铁吸铁原理带来的乐趣

1. 幼儿自主选择自己喜欢的游戏进行操作探索，教师巡视观察。

第一组：钓鱼。（图1）

玩法：鱼竿上挂有磁铁，小鱼上有回形针，幼儿玩钓鱼游戏。

第二组：沙中寻宝。（图2）

图1

玩法：幼儿手持磁铁，将沙盘里的"宝物"吸上来，看看谁得到的"宝物"最多。

第三组：磁力片游戏。（图3）

玩法：幼儿自主玩磁力片游戏，用磁力片拼出立体造型。

图2  图3

2. 幼儿交流分享游戏中的体验和感受，进一步巩固知识。

活动延伸

1. 区域活动：在科学区提供磁铁和其他材料，让幼儿继续探究磁铁的吸铁性。（图4）

2. 家园共育：幼儿和家长一起寻找生活中有哪些地方用到了磁铁。

图 4

生活中的磁铁（亲子活动）

活动目标

1. 寻找生活中的磁铁，对生活中的磁现象感兴趣。
2. 发现磁铁吸铁的特性，初步了解磁铁在生活中的用途。

活动准备

物质准备：与幼儿共同收集用于制作磁铁玩具和磁铁小发明的材料。

活动小贴士

1. 在日常生活中，与幼儿一起寻找生活中的磁铁，引导幼儿发现生活中有很多物品用到了磁铁，比如冰箱贴、手包磁扣、门吸、磁力棒玩具等，让幼儿说一说这些物品上的磁铁藏在哪里，各有什么作用，进一步引导幼儿发现磁铁吸铁的特性。（图1～图4）

磁铁的秘密　49

图1 　　　　　　图2 　　　　　　　图3 　　　　　　　　图4

2. 亲子收集生活中的磁性玩具，并带到幼儿园和同伴一起分享、探究。
3. 幼儿与家长一起利用磁铁制作玩具和小发明。（图5、图6）

图5　　　　　　　　　　图6

溜冰的小人（集中活动）

活动目标

1. 在操作中感知磁铁吸铁的特性以及磁力具有一定的穿透性。
2. 发现磁铁可以隔物吸铁，但磁场的强度会随着距离的增加而减弱。
3. 喜欢猜想与动手探索，学会做简单的实验记录。

活动准备

1. 经验准备：有玩磁铁的经验；观察或体验过溜冰（或轮滑）。
2. 物质准备：纸卡小人1张、圆形磁铁3块、回形针2个、彩色圆片3张、圆形塑料盒1个（"溜冰场"）、音乐《溜冰圆舞曲》等。

> **活动过程**

一、提出问题，引发猜想

1. 引导语：有一个小人，它想要在这个圆形塑料盒里溜冰，它请磁铁和回形针来帮忙，请你猜一猜要怎么做才可以让小人溜冰呢？

2. 鼓励幼儿大胆发表自己的想法。

二、动手操作，验证猜想

1. 自制溜冰立体小人。请幼儿取出纸卡小人并对折，在小人的方形底部别上回形针，溜冰小人就做好了。（图1、图2）

2. 幼儿自主探索让小人溜冰的方法，教师观察指导。

待幼儿找到正确的操作方法后，教师播放音乐《溜冰圆舞曲》，请幼儿随着音乐的旋律操作小人，体验让小人溜冰的乐趣。（图3）

图1　　　　　　　图2　　　　　　　图3

3. 集中交流分享：你是用什么方法让小人溜冰的？

4. 梳理小结：磁铁有吸力，磁铁的力量能够穿过塑料盒吸住并带动回形针运动，而回形针是别在小人身上的，所以小人也跟着动起来了。

三、再次操作，感受磁场强度与间隔物厚度的关系

1. 引导语：磁铁的力量可以穿过塑料盒并带动小人溜冰，那它能穿过有一定厚度的彩色圆片吗？放1张彩色圆片在塑料盒里，磁铁能让小人溜冰吗？放2张、3张呢？请你先把猜想记录下来，然后再验证。（图4）

2. 出示记录表（表1），让幼儿用自己喜欢的

图4

磁铁的秘密　51

方式做记录。

表1 "溜冰的小人"记录表

材料	猜想	结果

3. 提醒幼儿观察和比较磁力的穿透性，学习记录自己的猜想和实验结果。

4. 操作完成后请幼儿结合记录表说一说自己在操作中的发现。

5. 梳理小结：磁铁可以隔物吸铁，但是磁铁磁场的强度会随着距离的增加而减弱。

四、观看图片，感知磁铁穿透性在生活中的应用

1. 引导语：磁铁有一定的穿透性，能隔着纸张或其他物品吸住含铁的物质。生活中有哪些物品也应用了磁铁的穿透性呢？它们各有什么作用呢？

2. 师幼观看图片，共同讨论。

3. 梳理小结：手提包磁扣、指南针、磁性文具盒、磁性黑板、磁性胸牌、冰箱贴等物品应用了磁铁的穿透性，为我们的生活带来了很多便利。

活动延伸

1. 区域活动：幼儿自制小人（或小动物）卡片，利用班级的桌面、收纳盒或盘子等作为"溜冰场"，继续玩溜冰小人的游戏。

2. 家园共育：用磁铁等材料在家里自制一个会飞的蝴蝶。

营救小动物（游戏活动）

游戏目标

1. 运用磁铁吸铁和磁力穿透性来营救掉落在"陷阱"里的小动物。
2. 在游戏过程中喜欢动手动脑并愿意表达自己的想法和发现。

游戏准备

1. 经验准备：对磁铁吸铁和磁力穿透性有一定的操作经验。
2. 物质准备：不同大小、形状的塑料瓶若干个，不同大小、形状的磁铁若干个，回形针若干个，幼儿自制的小动物贴画若干个等。

游戏玩法

1. 幼儿自主在小动物贴画上别上不同数量的回形针（图1），将小动物贴画投入"陷阱"（瓶子）里。
2. 幼儿自选不同形状、大小、数量的磁铁，运用磁铁吸铁和磁力穿透性来营救掉落在"陷阱"里的小动物。（图2）
3. 鼓励幼儿自创玩法，如在瓶子里装满水，投放一些小物件，如扣子、铁珠、钥匙、塑料小玩具、小石头等，用磁铁玩水中捞物的游戏。（图3）

图1　　　　　　　　图2　　　　　　　　图3

磁铁的秘密

游戏指导

1. 重点指导：鼓励幼儿借助回形针和磁铁，运用不同的办法营救小动物，不断提升游戏中的经验。如可以适当减少回形针的数量，使小动物变轻，或者增加一块或两块磁铁来增强磁力，从而顺利救出小动物。

2. 个别指导：对操作有困难或游离于游戏之外的幼儿进行个别指导。

游戏延伸

提供铁质的瓶子或盒子，请幼儿尝试能否继续玩"营救小动物"的游戏。

绘本里的磁铁（亲子活动）

活动目标

1. 寻找与磁铁相关的绘本，对绘本中介绍的磁现象感兴趣。
2. 发现磁铁的各种特性，进一步了解磁铁在生活中的用途。

活动准备

物质准备：与幼儿一起到图书馆寻找与磁铁有关的绘本，如《神奇的磁铁》《磁铁哪里来》《磁铁怪物》《磁铁姑娘》《哎呀，我的针》《两个磁铁宝宝》《马蹄形磁铁小姐找新郎》等。

活动小贴士

1. 亲子阅读与磁铁相关的绘本，引导幼儿发现磁铁的各种特性，比如吸铁性、隔物吸铁（穿透性）、异极相吸等，鼓励幼儿根据绘本的内容尝试探索磁铁的特性，说一说生活中的哪些物品用到了磁铁的哪一特性。比如：磁性黑板、磁性工具挂件、儿童磁性钓鱼玩具等运用的是磁铁的吸铁性；磁性胸牌、冰箱贴等运用的是磁铁的隔物吸铁原理；冰箱门、磁性门帘、磁悬浮等运用的是磁铁的同极相斥、异极相吸原理；等等。

2. 家长与幼儿一起玩绘本中的小游戏、小实验。例如科学启蒙书《豆豆大叔的磁铁游戏》，讲的是豆豆大叔带着一群动物小朋友一起拿着磁铁做游戏的故事。（图1）亲子阅读时家长可以引导幼儿玩用磁铁钓鱼的游戏。（图2）

图1　　　　　　　　　　　　图2

3. 将收集到的与磁铁相关的绘本，带到幼儿园和同伴一起分享、阅读。

有趣的两极（集中活动）

活动目标

1. 体验磁铁有两个磁极且异极相吸、同极相斥。
2. 能运用磁铁异极相吸、同极相斥的特性解决游戏中遇到的问题。
3. 喜欢科学实验，愿意与同伴合作探究磁极。

活动准备

1. 经验准备：有玩磁铁的经验。
2. 物质准备：带有红色、蓝色两极标识的环形磁铁、条形磁铁、U形磁铁若干；小猫抓老鼠游戏材料（分别将磁铁贴在小猫和老鼠的图片上）、小青蛙游戏材料（吸管、底座、背面打孔可插入吸管的小青蛙图片、环形磁铁若干）、小

磁铁的秘密　55

车游戏材料（玩具小车、条形磁铁）；PPT 课件（磁吸抽屉、磁性门帘等图片，磁悬浮列车的图片或视频）等。

活动过程

一、自主操作，发现磁铁的相吸、相斥

1. 引导语：环形磁铁上有蓝色和红色标记。请小朋友各拿一块环形磁铁，和小伙伴的环形磁铁碰一碰，看看会发生什么现象？

2. 幼儿动手操作，教师观察指导。

3. 梳理小结：当红色面与红色面相碰、蓝色面与蓝色面相碰，两块磁铁会相互排斥；当红色面与蓝色面相碰，它们会相互吸引。（图1、图2）

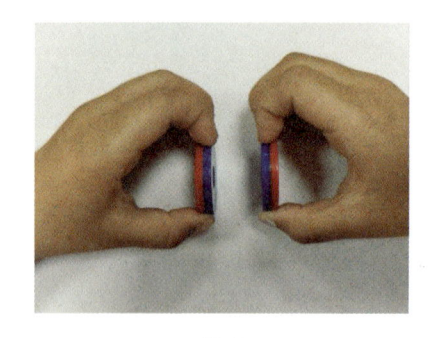

图 1 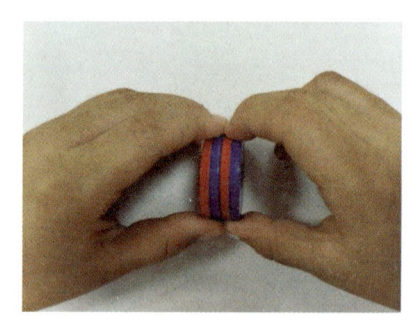　　　　　　　　　　图 2

二、自主探索，感知磁铁的同极、异极

1. 引导语：桌子上有三组材料：环形磁铁、条形磁铁和 U 形磁铁。请你选择一组材料，分别让两块磁铁的两端碰一碰，并用你喜欢的方式来记录相吸或相斥现象。（图3）

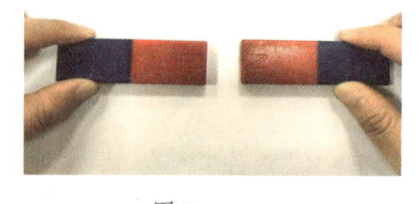

图 3

2. 集中交流分享：你发现了什么？你知道红色和蓝色各代表什么吗？

3. 梳理小结：磁铁都有两极，红色的叫北极，蓝色的叫南极。不同颜色的两极会互相吸引（相吸），相同颜色的两极会互相推开（排斥），简称异极相吸、同极相斥。（图4、图5）

图 4　　　　　　　　　　　　图 5

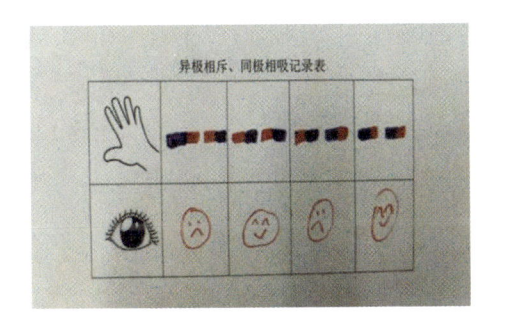

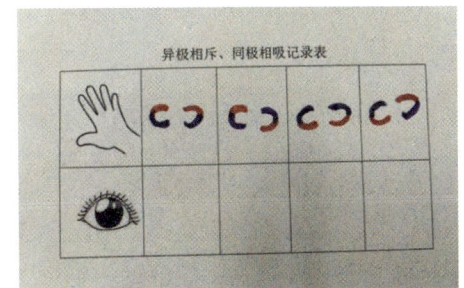

三、分组游戏，巧用磁铁的吸力、斥力

1. 幼儿自主选择自己喜欢的游戏进行操作探索，教师观察指导。

第一组：小猫抓老鼠。

小猫和老鼠的身上贴有同极或异极的磁铁，幼儿用带磁铁的小猫去抓带磁铁的老鼠。（图6、图7）

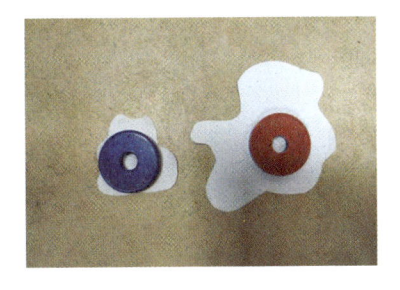

图 6　　　　　　　　　　　　图 7

第二组：小青蛙跳跳。

幼儿先将吸管装在底座上，再将两个环形磁铁套在吸管上，最后套上小青蛙图片。幼儿尝试利用磁铁的同极相斥使青蛙跳起来。（图8）

第三组：小车动起来。

幼儿在不碰到小车的情况下，尝试利用磁铁让玩具小车动起来。（图9、图10）

图 8

磁铁的秘密　57

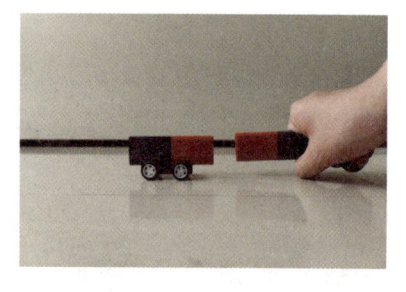

图 9 　　　　　　　　　　　图 10

2. 幼儿交流分享游戏体验和感受。

3. 梳理小结：利用磁铁异极相吸的特性可以让小猫捉到老鼠，利用磁铁同极相斥的特性可以让小青蛙跳起来，利用磁铁异极相吸、同极相斥的特性都可以让小车动起来。

四、观看课件，了解磁铁两极的应用

1. 引导语：磁铁的两极互相吸引、互相推开的力气这么大，那么在生活中磁铁可以帮我们做什么呢？

2. 梳理小结：人们运用磁铁异极相吸的特性，设计了磁性门帘、磁吸抽屉等，运用磁铁同极相斥的本领，发明了磁悬浮列车等。（图11、图12）

图 11 　　　　　　　　　　　图 12

活动延伸

1. 区域活动：幼儿在科学区尝试用不同形状的磁铁如 U 形磁铁继续玩本活动中的几种游戏。

2. 家园共育：幼儿和家长一起尝试运用磁铁同极排斥、异极相吸的原理制作玩具。

连接小火车（游戏活动）

游戏目标

1. 能运用磁铁异极相吸、同极相斥的原理来连接小火车。
2. 喜欢探索磁极的特性并愿意表达自己的想法和发现。

游戏准备

1. 经验准备：知道磁铁具有异极相吸、同极相斥的特性。
2. 物质准备：圆形磁铁和条形磁铁若干块、自制纸盒子若干个等。

游戏玩法

1. 幼儿自主尝试用圆形磁铁连接几个自制的纸盒子，组成小火车。（图1）
2. 幼儿自选圆形或条形磁铁尝试操纵小火车，运用磁铁异极相吸、同极相斥的特性来拉动或推动小火车。（图2）
3. 幼儿在小火车中装入小物件，进一步感知吸力或斥力的大小。（图3）

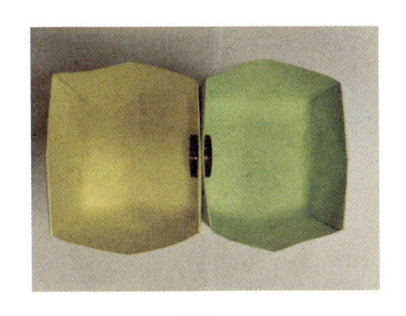

图1

图2 　　　　　　　　图3

磁铁的秘密

游戏指导

1. 重点指导：鼓励幼儿尝试用不同数量的磁铁和纸盒来连接小火车，不断提升游戏中的经验。如连接的纸盒越多，用一块磁铁操纵小火车的难度就会越大；又如对于同一辆小火车，为了让操纵力变大，可以增加磁铁的数量来增强吸力或斥力。

2. 个别指导：对操作有困难或游离于游戏之外的幼儿进行个别指导。

游戏延伸

提供不同材质的盒子，让幼儿继续玩"连接小火车"的游戏。

营救企鹅行动（集中活动）

活动目标

1. 在操作中了解铁质物品的磁化现象。
2. 发现磁铁的磁力可以传递，且传递的距离会随着磁力的增加而变大。
3. 喜欢探索磁铁磁力传递的特性。

活动准备

1. 经验准备：知道磁铁能吸附磁性物质，磁极部位的磁力最强。
2. 物质准备：企鹅妈妈和企鹅宝宝纸卡各1张、圆形磁铁若干块、铁螺母若干个、饮料空瓶等。

活动过程

一、情境导入，引发思考

1. 引导语：企鹅掉到了洞里（瓶子里）。现在只有磁铁、铁螺母这两种材料，请你用这两种材料制作营救企鹅的工具，该怎么制作呢？

2. 鼓励幼儿大胆发表自己的想法。

二、动手操作，验证猜想

1. 幼儿自主探索制作营救工具，教师观察指导。

2. 集中交流分享：你是用什么方法救出企鹅的？

3. 梳理小结：磁铁有磁力，铁螺母没有磁力，但是当铁螺母接触磁铁时就会获得磁力，一个接一个地串联起来，串到一定长度就能救出洞里的企鹅。（图1）

图 1

三、再次操作，感受磁力的传递与磁铁、铁螺母数量的关系

1. 引导语：我们发现磁铁的磁力可以传递给铁螺母，用铁螺母串联的方式可以救出企鹅宝宝。这次我们新增了一些磁铁和铁螺母，请小朋友们试一试，看谁的铁螺母串最长。

2. 教师出示记录表（表1），鼓励幼儿用自己喜欢的方式做记录。

表 1　记录表

实验图	磁铁的数量	铁螺母的数量

3. 启发幼儿用不同大小的磁铁试一试，看吸起来的铁螺母的数量有没有变化。

4. 分享交流，请幼儿结合记录表说一说自己在操作中的发现。

5. 提问：多少个磁铁吸起的铁螺母数量最多，为什么？吸了多少个铁螺母后就吸不起来了，为什么？

6. 梳理小结：磁铁可以传递磁力，磁铁越多磁力越强，铁螺母串联的长度会随着磁力的增强而变大，但是铁螺母越多其传递的磁力越小。

活动延伸

1. 区域活动：幼儿自制小动物卡片，利用桌面、收纳盒或盘子等作为"悬崖"，继续玩"营救小动物"的游戏。
2. 家园共育：运用磁力传递的原理在家里玩游戏，如自制会跳舞的小蛇、磁力小树等。

回形针游戏（游戏活动）

游戏目标

1. 感知回形针被磁铁磁化后产生磁力的现象。
2. 尝试用获得磁力的回形针首尾连接或搭建造型。

游戏准备

1. 经验准备：知道磁铁可以吸引磁性物质，知道U形磁铁的两极。
2. 物质准备：U形磁铁、橡皮泥、回形针、塑料板、方纸板等。

游戏玩法

1. 首尾连接回形针。

在U形磁铁的两极处，向下首尾连接回形针。（图1）

探究每一端最多可以连接几个回形针，并把实验结果画在记录图表中。（图2）

2. 向下连接更多的回形针。

图1　　　　　　图2

尝试在U形磁铁的两极向下添加更多的回形针，数一数一共添加了几个回

形针。(图 3)

3. 向上搭建回形针。

把 U 形磁铁固定在橡皮泥上,尝试在 U 形磁铁的两极向上搭建回形针,数一数可以添加多少个回形针。(图 4)

图 3　　　　　　　　图 4

游戏指导

1. 重点指导:鼓励幼儿用回形针在 U 形磁铁的两极搭建出不同的造型,比一比谁搭得最高,或是谁搭的造型最独特。

2. 个别指导:对操作有困难的幼儿进行个别指导。

游戏延伸

将 U 形磁铁固定在橡皮泥上,在 U 形磁铁的两极放上塑料板或纸板,用回形针在塑料板或纸板上搭建造型。(图 5)

图 5

磁铁的秘密

神奇的燕尾夹（集中活动）

活动目标

1. 感知磁化后的燕尾夹能吸住回形针。
2. 知道燕尾夹接触磁铁的时间越长则磁性越大，但磁性会随着时间的流逝而消失。
3. 乐于动手探究，学会做简单的实验记录。

活动准备

1. 经验准备：知道磁铁具有吸铁性，对磁力的传递性有一定的操作经验。
2. 物质准备：燕尾夹、磁铁、回形针、记录表、笔、视频《生活中的磁化现象》等。

活动过程

一、魔术导入，激发参与兴趣

1. 引导语：今天老师带来了一个神奇的魔术。这个燕尾夹为什么可以吸住回形针呢？
2. 鼓励幼儿大胆发表自己的猜想。

二、动手操作，感知磁化后的燕尾夹可以吸住回形针

1. 幼儿自主操作，探索怎样让燕尾夹吸住回形针。

引导语：老师准备了燕尾夹、回形针、磁铁，请小朋友们玩一玩、试一试，想办法让燕尾夹吸住回形针。

2. 分享交流：你的燕尾夹能吸住回形针吗？你是怎么操作的？
3. 梳理小结：用磁铁的磁极沿同一个方向摩擦燕尾夹或是将燕尾夹放在磁铁上，燕尾夹就会带有磁性，燕尾夹在离开磁铁的情况下也能吸住回形针。（图1、图2）

图 1　　　　　　　　　　　　图 2

三、再次操作，感受燕尾夹磁力大小与磁铁接触时间长短的关系

1. 幼儿自主操作，尝试让燕尾夹吸住更多的回形针。

引导语：在第一次探究中，大部分的小朋友能让燕尾夹吸住一个回形针。请小朋友再想一想、试一试，让燕尾夹吸住更多个回形针。

2. 出示记录表（表1），让幼儿用自己喜欢的方式做记录。

3. 教师巡回观察，鼓励幼儿探究燕尾夹磁力大小与磁铁接触时间长短的关系。

4. 幼儿结合记录表说一说自己在操作中的发现。

5. 梳理小结：磁铁在燕尾夹上摩擦的时间越长或是燕尾夹接触磁铁的时间越长，燕尾夹带有的磁力就越大。（图3）

表1　记录表

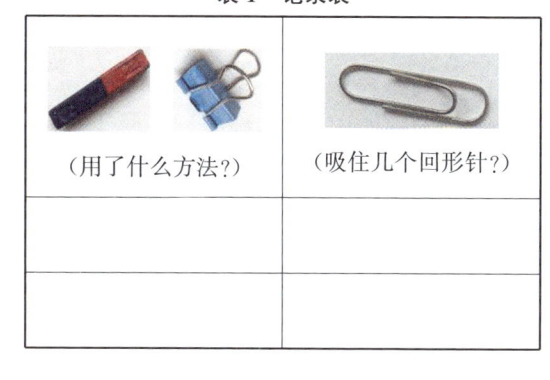

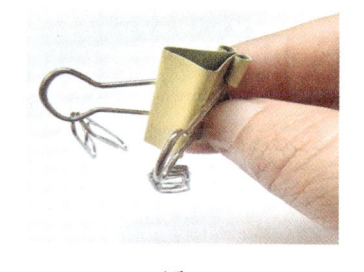

（用了什么方法？）	（吸住几个回形针？）

图 3

四、观看视频，拓展经验

1. 引导语：磁化现象对于我们的生活有好处还是有坏处呢？

磁铁的秘密　65

2. 梳理小结：磁化现象对我们的生活有利有弊。好处——钢针被磁化后可以用来做指南针。坏处——机械表被磁化后，会导致走时不准；彩色电视机显像管被磁化，会出现色彩失真；手机里面的小部件被磁化，会影响通话质量。

活动延伸

1. 区域活动：将磁铁、燕尾夹、回形针等材料投放在科学区，让幼儿探究消磁的方法。

2. 家园共育：幼儿和家长共同查阅资料，了解生活中的磁化现象。

好玩的纸

（郭小红　陈丽娟　李坚坚）

纸无处不在，如纸巾、纸盒、纸袋、报纸等都在各司其职地发挥着不同的作用。随着探索经验的提升，幼儿认识并使用过多种材质的纸，如日常美术活动中的宣纸、牛皮纸、铅画纸、皱纹纸等，幼儿对纸的兴趣愈发浓厚，他们喜欢探索纸的各种各样的玩法。因此教师借此教育契机，立足幼儿兴趣，设计了一系列探究活动，引导幼儿通过观察、比较、操作、实验等方法，感知纸的特性和纸中的科学现象。

主题目标

★情感态度

1. 积极探索，对生活中各种各样的纸感兴趣。
2. 乐于表达自己关于纸的秘密的想法和发现。
3. 体验探索纸的乐趣，能够持续耐心地观察实验变化。

★知识经验

1. 尝试探索出让纸站起来的多种方法。
2. 发现纸的不同折法、不同材质与其承重力的关系。
3. 了解纸具有吸水性，感知不同材质的纸吸水性不同。
4. 尝试用多种方法让纸飞碟飞得更远。

续表

主题目标
5. 了解纸在生活中的用途。 ★综合能力 1. 能用表格、图画、符号等多种表征方式记录有关纸的探究结果。 2. 能通过观察、比较、操作、实验等方法大胆探索纸的秘密。 3. 会利用有关纸的特性制作玩具。

系列活动一览表			
序号	活动名称	活动形式	科学原理点
1	让纸站起来	游戏活动	结构力学
2	能干的独腿桌	集中活动	结构力学
3	纸牌"变形"记	游戏活动	结构力学
4	神奇的纸桥	亲子活动	结构力学
5	盛开的纸花	集中活动	表面张力、吸水性
6	花朵寻宝	游戏活动	表面张力、吸水性
7	水彩爬高	游戏活动	毛细现象、吸水性
8	彩虹攀爬	亲子活动	毛细现象、吸水性
9	会飞的纸飞碟	集中活动	弹性

让纸站起来（游戏活动）

游戏目标

1. 尝试探索出让纸站起来的多种方法。
2. 乐于与同伴交流，敢于大胆表达自己科学探索的结果和独特的感受。

游戏准备

1. 经验准备：对卷纸和折纸有一定的操作经验。
2. 物质准备：长方形彩纸、圆形彩纸、三角形彩纸、心形彩纸、花瓣形彩纸、空的橡皮泥盒、各类积木、操作盒、牙膏盒、橡皮筋、夹子等。

游戏玩法

1. 用辅助物让纸站起来。

利用积木等辅助物让纸靠着、夹住，帮助纸站起来。（图1）或利用橡皮筋、夹子等辅助物让纸卷起来，帮助纸站起来。（图2）

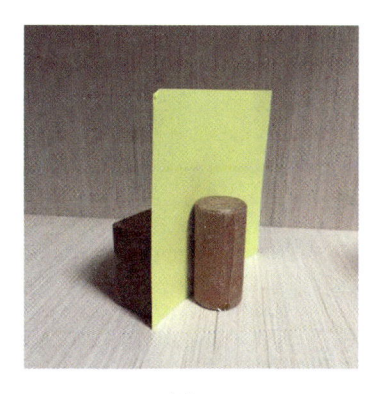

图1 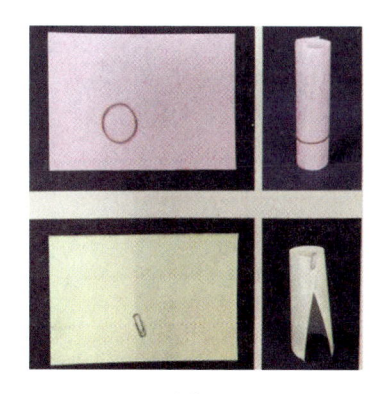　　　　　　　　　　　图2

2. 不用辅助物，让纸站起来。

尝试通过折一折、卷一卷的方法让长方形、圆形、三角形、心形、花瓣形的

好玩的纸　69

纸站起来。(图3、图4)

图3　　　　　　　图4

游戏指导

1. 重点指导：鼓励幼儿用不同的物品和方法让纸站起来，不断提升游戏中的经验，如即使不用辅助物，还可以通过卷一卷、折一折让纸站起来，并且通过操作不同形状的纸，使纸处于稳定平衡的状态，从而让纸站起来。

2. 个别指导：引导幼儿找到让不同形状的纸站起来的方法。

游戏延伸

提供更多不规则图形的纸，让幼儿继续尝试让纸站起来的方法。

能干的独腿桌（集中活动）

活动目标

1. 尝试通过改变纸的形状和厚度，增加纸的承重力。
2. 感知纸的形状对其承重力的影响。
3. 体验探索纸的乐趣。

活动准备

1. 经验准备：有让纸站起来的经验。
2. 物质准备：纸、积木若干、记录表、笔、PPT（展示餐厅环境及设施布置，幼儿操作时播放的背景音乐）等。

活动过程

一、情境导入，引出主题

1. 引导语：小朋友们，最近我们的好朋友蟹老板遇到了一件令他十分烦恼的事情，想请小朋友们帮帮他，让我们一起来看看吧。
2. 提问：蟹老板想要我们帮他解决什么问题？
3. 梳理小结：蟹老板想用纸张制作独腿桌来吸引更多的客人。你们觉得可以吗？想不想试一试？

二、第一次操作：制作独腿桌，让独腿桌站起来

1. 引导语：蟹老板给每个小朋友准备了两张纸来制作独腿桌。你们觉得可以成功制作出独腿桌吗？制作之前让我们听一听蟹老板的要求。

提出要求：（1）每人用两张纸制作能站起来的桌子，要有桌面和桌腿，而且是只有一条腿的独腿桌；（2）音乐停止后请轻轻回到位置上。

2. 幼儿操作，教师观察、引导幼儿先用一张纸探索如何让纸站起来做成桌腿，然后再将另一张纸放在桌腿上当桌面。
3. 分享交流：你的桌腿能站起来吗？说说你用什么办法让它站起来？
4. 梳理小结：先用折一折、卷一卷的方法，改变一张纸的形状，让纸站起来变成桌腿，再把另一张纸轻轻地放在桌腿上当桌面，这样独腿桌就做好了。（图1）

图 1

三、第二次操作：给独腿桌上"菜"，初步感知纸的承重力

1. 引导语：现在我们已经知道了制作独腿桌的秘诀。接下来，我们还需要做什么呢？让我们听一听蟹老板的要求。

提出要求：给独腿桌上一道"菜"（积木），检验独腿桌是否牢固。

2. 幼儿操作，教师观察。

3. 交流分享：你成功了吗？能够成功上"菜"的是怎样的桌子？

4. 梳理小结：不同形状的桌腿所能承受的重量不一样。成功上"菜"的桌子，它们的桌腿都很牢固，如卷成圆形的桌腿就比较牢固。（图2）不能成功上"菜"的桌子，它们的桌腿大多是没卷好、没折好或变形弯曲的。（图3）

图2 　　　　　　　　图3

四、第三次操作：给独腿桌上多道"菜"，尝试增加独腿桌的承重力

1. 引导语：如果给独腿桌再上几道"菜"，它还能承受得住吗？我们已经上了一道"菜"，让我们一起来听一听蟹老板还有什么要求。

提出要求：如果桌子上能放的"菜"数量太少，那么餐厅就没办法开张了。现在请小朋友们试一试、比一比，看哪种独腿桌上的"菜"最多？

2. 幼儿操作，教师观察。

（1）4个小朋友为一组，分工合作共同制作独腿桌，并做好记录。记录表中第一格表示独腿桌的折法和形状，第二格表示能够承受的"菜"的数量。（图4）

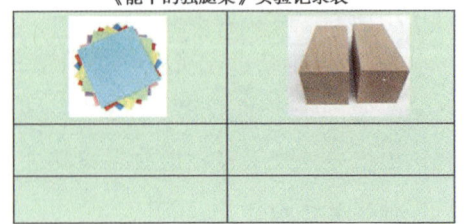

（2）完成的小组把记录表贴到展板上。

图4

（3）音乐停止后请放下手中的材料轻轻回到位置上。

3. 分享交流：你们小组尝试了几种不同形状的独腿桌，每一种独腿桌分别能上几道"菜"？用什么方法能让独腿桌承重力更强？

4. 梳理小结：不同形状的桌腿所能承受的重量是不一样的。可以通过改变纸的形状，还可以用折叠多层的方法增加纸的厚度，使桌腿的承重力更强。（图5）

图 5

活动延伸

1. 区域活动：在科学区提供更多材料，让幼儿继续探索纸的承重力。

2. 家园共育：幼儿与家长在家里一起探索通过改变纸的形状增加纸的承重力。

纸牌"变形"记（游戏活动）

游戏目标

1. 能够积极动手进行纸牌的叠高或搭建，探索让纸牌站起来的方法和寻找让纸牌立起来的平衡点。

2. 体验叠高或搭建纸牌的乐趣。

游戏准备

物质准备：纸牌若干、夹子等辅助物若干。

游戏玩法

1. 纯纸牌搭建。

通过改变纸牌的形状让纸牌站起来，从而搭建不同的造型。（图1、图2）

好玩的纸　73

图 1　　　　　　　　　　图 2

通过寻找让纸牌立起来的平衡点,从而搭建不同的造型。(图3、图4)

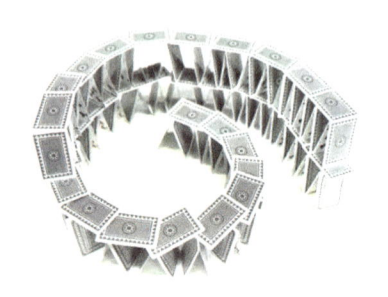

图 3　　　　　　　　　　图 4

2. 利用辅助物进行纸牌搭建。

利用夹子等辅助物让纸牌站起来,从而搭建不同的造型。(图5、图6)

图 5　　　　　　　　　　图 6

游戏指导

1. 重点指导:鼓励幼儿通过寻找让纸牌立起来的平衡点来搭建不同的造型,

以及利用辅助物进行纸牌搭建。

2. 个别指导：指导幼儿用纸牌搭建不同的造型，学会对称搭建和利用辅助物增加稳定性。

游戏延伸

1. 幼儿进行纸牌搭建比赛，比一比谁搭得高且稳、谁搭的造型有创意。
2. 幼儿合作进行主题搭建。

神奇的纸桥（亲子活动）

活动目标

1. 知道纸经过折叠后可以增加纸的承重力。
2. 能够积极动手进行纸桥实验，探索发现折的层数越多的纸桥其承重力越大。
3. 体验探索纸桥的乐趣。

活动准备

1. 经验准备：幼儿对桥及其结构有初步的认识。
2. 物质准备：杯子、彩色纸、玩具汽车和工程车等。

活动小贴士

1. 小汽车过纸桥。

幼儿与家长一起利用纸杯和纸张搭纸桥，让小汽车从纸桥上开过，观察小汽车能否顺利通过，思考小汽车不能通过的原因。（纸桥软软的，不牢固，很容易塌掉。）

2. 折叠纸桥。

幼儿和家长一起利用纸杯和纸张搭纸桥，先将纸张对折，然后铺在纸杯上，再次将小汽车放在纸桥上，观察纸桥是否会塌掉。（纸张经过折叠，它的承重力变大了，桥就不会塌了。）（图1～图3）

好玩的纸　75

图1 　　　　　　　　图2 　　　　　　　　图3

3. 多层折叠纸桥。

将小汽车换成重量较大的玩具工程车，再试试工程车能否顺利通过纸桥？有什么办法可以让纸桥变得更加牢固？幼儿与家长共同思考让纸桥变牢固的方法，如可以通过多次折叠纸张，加大纸的承重力。（图4、图5）

图4 　　　　　　　　图5

盛开的纸花（集中活动）

活动目标

1. 乐于动手操作，感受纸花盛开的有趣现象。

2. 观察、比较不同材质、不同形状的纸花在水里盛开速度的快慢，初步感知纸花盛开是因为纸吸水后表面张力增大。

3. 感知纸的吸水性在生活中的应用。

活动准备

1. 经验准备：观察过花朵开放的过程。
2. 物质准备：花朵绽放过程的视频、纸的吸水原理视频、托盘、水、彩纸、瓦楞纸、宣纸、牛皮纸、记录表、笔等。

活动过程

一、开花视频导入，激发探索兴趣

1. 教师播放开花过程的视频，引导幼儿欣赏。
2. 交流分享：哪些花在开放？它们是怎么开放的？教师引导幼儿感受花朵的花瓣由外到内依次打开。

二、第一次操作实验，了解纸花盛开的原因

1. 引导语：今天老师带来了漂亮的纸花，请你猜一猜纸花会盛开吗？想不想试一试？
2. 提出操作要求：

（1）每一名幼儿拿一朵纸花，折成花苞，花瓣朝上将花苞轻轻地放在水里。

（2）不能用手打开花苞，认真观察纸花苞的变化。

3. 幼儿操作，教师巡回指导，引导幼儿仔细观察纸花有什么变化。
4. 交流讨论：纸花在水里发生了什么变化？为什么会发生变化呢？
5. 播放视频，了解纸花盛开的原因。
6. 梳理小结：因为纸具有吸水性，水慢慢跑到纸的身体里去了，喝了水的纸花瓣慢慢膨胀，就像是被拉扯开了，于是就出现了纸花在水中盛开的神奇现象。

三、第二次操作实验，对比、记录纸花盛开的速度与纸花材质、形状的关系

1. 引导语：不同材质、不同形状的纸花都能这样快速盛开吗？
2. 提出操作要求：

（1）小朋友四人为一组完成实验并记录。

（2）第1、2组：探究纸花盛开的速度与纸花材质的关系（记录表见图1）。

好玩的纸 77

第 3、4 组：探究纸花盛开的速度与纸花形状的关系（记录表见图 2）。

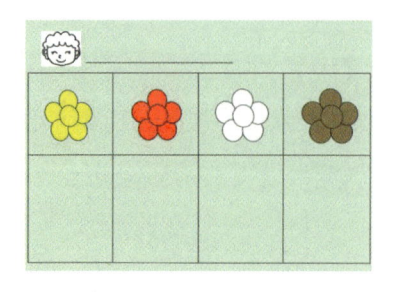

图 1

图 2

每个小朋友选择一种材质或一种形状的纸花，折成花苞。四个小朋友同时将纸花苞放入水中，观察、对比盛开的速度，并记录盛开的顺序。

3. 幼儿操作，教师巡回指导。

（1）幼儿合作操作，观察并记录实验结果。（图 3、图 4）

（2）操作完成后，幼儿结合记录表说一说自己在操作中的发现。

图 3

图 4

4. 交流实验结果。

（1）引导语：不同材质和形状的纸花盛开的速度一样吗？为什么？

（2）播放不同材质和形状的纸花盛开的实验视频。

（3）梳理小结：不同材质的纸花盛开的速度不一样，最快的是宣纸，最慢的是牛皮纸，因为不同材质的纸吸水速度不同。不同形状的纸花盛开的速度也不一样，像四角花、太阳花等的折页部分比较规则，盛开的速度比较快，而小纸团的折页部分不太规则，虽然也能盛开但速度比较慢。

四、联系生活实际，了解纸的吸水性的应用

1. 引导语：纸的吸水性给我们的生活带来哪些便利呢？

2. 梳理小结：纸的吸水性给我们的生活带来很多便利，如利用这个原理人们发明了压缩毛巾、浴巾等，又如吸水性强的纸巾可以用来擦拭水分、保持干燥等。

活动延伸

区域活动：将操作材料投放在科学区，让幼儿继续探索。

花朵寻宝（游戏活动）

游戏目标

1. 运用纸的吸水性，寻找藏在纸花中的"宝藏"。
2. 遵守轮流游戏的规则，体会到寻宝游戏的乐趣。

游戏准备

1. 经验准备：对纸的吸水性有一定的了解。
2. 物质准备：大棋盘、纸花若干、贴纸、喷水壶等。

游戏玩法

1. 在棋盘格的每格上各放一朵纸花，幼儿任意挑选棋盘格中的几朵纸花，并在纸花中央贴上"宝藏"贴纸，再将所有纸花的花瓣叠好，放回棋盘格中。（图1、图2）

图1

图2

好玩的纸

2. 两名幼儿轮流进行游戏，每名幼儿挑选其中的一朵纸花，用喷水壶将纸花喷湿，寻找藏在纸花中的"宝藏"。（图3）

图 3

3. 游戏结束，寻找到"宝藏"数量多的幼儿获胜。

游戏指导

1. 重点指导：鼓励幼儿探索如何快速又精准地在纸花上喷水，让纸花盛开。引导幼儿发现喷水的位置和水量会影响纸花的盛开。例如水喷得太少，纸花无法完全盛开；水喷得不够均匀，纸花只盛开一部分。

2. 个别指导：对拿着喷水壶到处乱喷的幼儿进行教导，同时对使用喷水壶有困难的幼儿进行指导。

游戏延伸

教师和幼儿一起丰富游戏形式，可以将宝藏贴纸替换成其他材料如不同大小的数字，或设置陷阱等，增加游戏的难度和趣味性。

水彩爬高（游戏活动）

游戏目标

1. 感知水的毛细现象，观察、比较不同材质纸张的吸水性。

2. 体验探索的乐趣，能够持续耐心地观察实验变化。

游戏准备

1. 经验准备：对水的毛细现象有一定的操作经验。
2. 物质准备：颜料碗、水彩颜料若干，不同材质的纸，如餐巾纸、图画纸、牛皮纸等。

游戏玩法

1. 幼儿分别将三张纸卷成筒状，使其能够站立在颜料碗里（图1）；取出纸卷，向三个颜料碗里注入水彩颜料和适量的水（图2）；将三个纸筒分别放入颜料碗，观察哪种材质的纸筒可以帮助水彩快速爬高（图3）；10分钟之后，给水彩爬高的顺序排序。

图1　　　　　　　　　图2　　　　　　　　　图3

2. 更换不同材质的纸张，探索不同材质纸张的吸水性。
3. 开展"水彩爬高"的小比赛。

游戏指导

1. 重点指导：在活动中，鼓励幼儿仔细观察、比较不同材质纸张的吸水性。
2. 个别指导：指导幼儿分享游戏中的发现和遇到的问题，大胆表达自己的所思所想。

游戏延伸

提供除纸以外的材料，如各种各样的布，让幼儿继续玩"水彩爬高"的游戏，感知生活中水的毛细现象。

好玩的纸

彩虹攀爬（亲子活动）

活动目标

1. 感知不同材质的纸的吸水性。
2. 通过动手操作，体验科学小实验的乐趣。

活动准备

物质准备：水彩笔，水杯，颜料碗，水彩颜料，不同材质的纸如餐巾纸、图画纸、牛皮纸等。

活动小贴士

1. 纸巾彩虹。

幼儿与家长一起在不同材质纸的两端画上彩虹的图案，同时，将水平均分装在不同的杯子中。幼儿与家长猜想讨论，不同材质的纸放在水中，谁吸水速度快，谁吸水速度慢？（图1～图3）

图1

图2

图3

2. 彩虹过山车。

幼儿与家长在相同材质纸的两端涂上彩虹的颜色,先向1、3、5号颜料碗中加入清水,再向1、3、5号颜料碗中加入水彩颜料并搅拌均匀,将折叠好的4张纸依次放进相邻的两个颜料碗中,观察它们的变化。引导幼儿观察发现2、4号空颜料碗中水位上升了,1、3、5号颜料碗中水位下降了。(图4、图5)

图4　　　　　　　　　　　图5

会飞的纸飞碟(集中活动)

活动目标

1. 感知和体验橡皮筋弹力可以使纸飞碟向前飞。
2. 感知不同大小和粗细的橡皮筋弹力不同。
3. 喜欢猜想与动手探索,体验玩纸飞碟的乐趣。

活动准备

1. 经验准备：幼儿事先制作纸飞碟(也可以将飞碟底座做成不同形状或样式,如花朵形底座、四方形底座等)。制作步骤和方法如下。

好玩的纸　83

(1) 准备好飞碟的底座和尖顶。　　　　　(2) 用胶棒涂抹飞碟尖顶缺口的一边。

(3) 将另一边压在涂胶部分。　　　　　　(4) 用胶棒涂抹飞碟底座内圈边缘部分。

(5) 将飞碟尖顶粘贴在底座上。　　　　　(6) 制作完成的纸飞碟。

2. 物质准备：不同大小、粗细的橡皮筋，纸飞碟，记录表，笔等。

活动过程

一、出示纸飞碟，激发幼儿的兴趣

1. 引导语：上次我们制作了纸飞碟，今天我们要来比比看谁的纸飞碟向前飞得最远。

2. 幼儿讨论让纸飞碟向前飞的方法。

3. 梳理小结：我们可以用橡皮筋让纸飞碟飞起来。

二、第一次实验操作：感知使用橡皮筋可以使纸飞碟向前飞

1. 引导语：现在请小朋友们找出自己制作的纸飞碟，然后进行操作，让纸飞碟飞起来。

2. 幼儿自主操作，教师巡回指导。

3. 交流讨论：你是怎样用橡皮筋让纸飞碟飞起来？

4. 梳理小结：手持橡皮筋钩住纸飞碟底座上的一个齿轮，借助橡皮筋的弹力向前或者向上发射。

三、第二次实验操作：感知不同大小和粗细的橡皮筋弹力不同

1. 引导语：刚才我们都是用一样的橡皮筋让飞碟向前飞，老师这边还有大小、粗细不同的橡皮筋，它们也能让纸飞碟飞起来吗？

2. 提出操作要求。

（1）小朋友四人一组完成实验并记录。

（2）第1、2组：探究纸飞碟发射的距离与橡皮筋大小的关系。

第3、4组：探究纸飞碟发射的距离与橡皮筋粗细的关系。

3. 幼儿操作，教师巡回指导。

（1）幼儿合作操作，观察并记录实验结果（记录表见图1）。

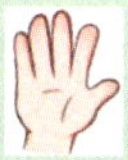

图 1

（2）操作完成后，请幼儿结合记录表说一说自己在操作中的发现。

好玩的纸　85

4. 交流实验结果。

（1）引导语：不同大小和粗细的橡皮筋让纸飞碟向前飞的距离一样吗？为什么？

（2）播放不同大小和粗细的橡皮筋发射纸飞碟的实验视频。

（3）梳理小结：不同大小和粗细的橡皮筋让纸飞碟飞出的距离不一样，弹力强的飞得远，弹力弱的飞得近。

活动延伸

区域活动：鼓励幼儿自制不同形状的纸飞碟，继续玩"纸飞碟"游戏。

颜色变变变

（洪雅双　谢秋雨　颜艳萍）

在日常生活中，幼儿会接触许多色彩鲜艳的物品，因此对各种颜色有较多的接触和感知。幼儿对生活中颜色的各种变化现象具有极大的兴趣。为什么颜色两两混合就会变出新的颜色？为什么蔬菜、水果的汁液也有颜色？……生活中一系列的颜色问题，引发了幼儿的探究欲望。教师可以设计系列探究活动，引导幼儿通过观察、比较、操作、实验等方法探索颜色变化的奥秘，激发幼儿探究兴趣，发展初步的探究能力。

主题目标

★情感态度

1. 感受生活中的色彩美，对颜色的秘密感兴趣。
2. 乐于表达，喜欢交流自己发现的颜色秘密。
3. 愿意与同伴协作，感受玩颜色的乐趣。

★知识经验

1. 感知和体验三原色作为基色通过搭配混合可以形成其他颜色。
2. 尝试用三原色做颜色融合实验，体验颜料渗透与混合后发生的颜色变化。
3. 初步了解不同植物中含有不同颜色的色素。
4. 初步探究紫甘蓝汁遇到不同酸碱性物质发生颜色变化的有趣现象。

续表

主题目标

5. 感知滴水后颜料在滤纸上的扩散现象。
6. 感知颜料能在湿纸巾或棉布上出现晕染现象。

★ 综合能力

1. 能细心操作且有秩序。
2. 能用表格、图画、符号等多种表征方式记录颜色探究结果。
3. 喜欢猜想与动手探索，提高动手操作能力。

系列活动一览表		
序号	活动名称	活动形式	科学原理点
1	活动室里的颜色	游戏活动	同色系
2	大自然的色彩	亲子活动	同色系
3	红黄蓝三兄弟	集中活动	三原色混合
4	颜色魔术师	游戏活动	三原色混合
5	好玩的三原色	亲子活动	三原色混合
6	提取植物色素	游戏活动	植物色素
7	紫甘蓝汁变变变	集中活动	植物色素
8	染色游戏	游戏活动	颜色、扩散
9	神奇的胶水画	集中活动	颜色、扩散
10	隐藏的颜色	集中活动	颜色、咖啡环效应

活动室里的颜色（游戏活动）

游戏目标

1. 观察和寻找活动室里的颜色，感知生活中的色彩美。
2. 尝试对"活动室里的颜色"进行记录和统计。
3. 发现颜色之间的细微不同，进行同色系颜色排序。

游戏准备

1. 经验准备：认识生活中常见的颜色并能说出对应的颜色名称。
2. 物质准备：记录笔、白纸、"活动室里的颜色"记录表等。

游戏玩法

1. 幼儿自主选择同伴，寻找活动室里的颜色，并用简单的符号或者图案记录观察结果（记录表见图1）。

"活动室里的颜色"记录表（示例）

颜色				
物品				
统计	红色系___个，黄色系___个，绿色系___个，___色系___个，___色系___个。			

图1

2. 幼儿小组内自由交流：你找到什么颜色？有哪些物品是这种颜色的？哪些物品颜色很相像？

颜色变变变　89

3. 小组之间进行同色系颜色排序。说一说：这些物品都是什么颜色的？这些颜色之间有什么区别？按颜色从浅到深或从深到浅的顺序给物品排排队。（图2）

活动室里物品颜色排序图（示例）

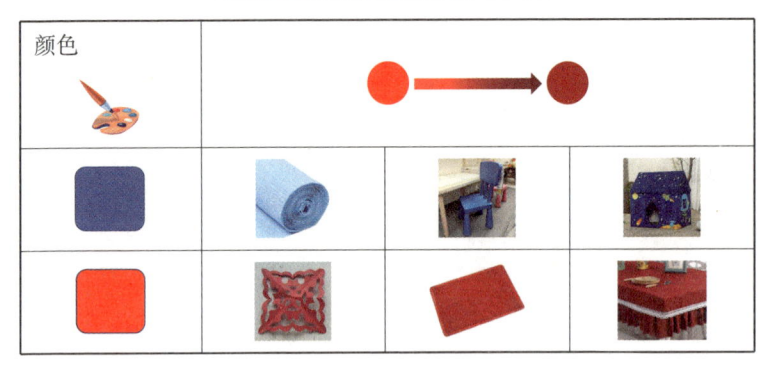

颜色			

图 2

4. 到幼儿园里其他地方去寻找更多的颜色并进行同色系颜色排序。

游戏指导

1. 重点指导：鼓励幼儿用自己喜欢的方式进行记录并统计，按颜色从浅到深或从深到浅的顺序给物品排排队。

2. 个别指导：对记录有困难、统计结果出现不一致、排序有困难的幼儿进行个别指导。

游戏延伸

引导幼儿讨论还可以在哪些地方寻找颜色，与幼儿共同计划寻找颜色的地点和时间。

大自然的色彩（亲子活动）

活动目标

1. 积极参与寻找大自然色彩的活动，进一步感受大自然是五彩缤纷的。

2. 尝试对"大自然的色彩"进行记录和统计。

3. 发现颜色之间的细微不同，进行同色系颜色排序。

活动准备

1. 物质准备：记录表、水彩笔等。

2. 环境准备：与幼儿共同选择便于观察的安全场地，如附近的公园或小区内的花园等。

活动小贴士

1. 户外活动时，家长要有意识地引导幼儿观察周围环境中的颜色，与幼儿一起欣赏大自然的色彩美。统计在大自然中找到的几种颜色，说一说哪种颜色的事物最多，哪种颜色的事物最少，进一步感受大自然是五彩缤纷的，我们的生活是多姿多彩的。

2. 家长引导幼儿及时把找到的事物及其色彩用自己喜欢的形式记录下来（记录表见图1），根据"同色系"参考卡（图2）数一数、比一比，哪种色系的事物最多，哪种色系的事物最少。

"大自然的色彩"记录表（示例）

颜色 				
事物 				
统计 	红色系___个，黄色系___个，绿色系___个，___色系___个，___色系___个。			

图1

"同色系"参考卡

图 2

3. 对大自然中同色系的事物由深到浅或由浅到深进行排序。（图 3）

大自然色彩排序图（示例）

颜色				
🎨	● → ●			
🍃				
🌹				

图 3

4. 幼儿将亲子寻找大自然色彩的记录表带到幼儿园，与同伴一起分享、探究。

红黄蓝三兄弟（集中活动）

活动目标

1. 理解故事内容。
2. 乐于探索三原色两两调和后的变化。
3. 大胆表达自己对颜色变化的猜想。

活动准备

1. 经验准备：有涂色的经验并认识红、黄、蓝、橙、绿、紫等颜色。
2. 物质准备：（1）用红、黄、蓝三原色颜料画的三个娃娃脸谱；（2）红、黄、蓝三原色颜料水，白纸，透明杯子，毛笔等；（3）记录表，笔。

活动过程

一、出示脸谱，激发幼儿兴趣

1. 出示用红、黄、蓝三原色颜料画的娃娃脸谱：小朋友，谁来了？是什么颜色的娃娃呀？
2. 猜一猜：红、黄、蓝三兄弟到幼儿园表演魔术，你猜他们能变出什么？

二、欣赏故事，引发幼儿猜想

1. 师幼共同欣赏故事《红、黄、蓝三兄弟》，启发幼儿谈论：
（1）橘子、葡萄、青蛙是什么颜色的？
（2）有什么办法让红、黄、蓝三兄弟变出橙色的橘子、紫色的葡萄、绿色的青蛙？
2. 幼儿自主猜想并记录（记录表见表1）：怎么利用红、黄、蓝三兄弟变出橙色、紫色、绿色？

表1 "颜色的变化"记录表

3. 幼儿大胆展示和表达自己的猜想。

三、验证猜想，感受三原色两两调和的变化

1. 教师出示操作材料，引导幼儿按照表格中的猜想进行操作、验证。

2. 幼儿自主探索让红、黄、蓝三兄弟变色的方法，教师观察指导。

3. 集中交流分享：你利用红、黄、蓝三兄弟变出橙色、紫色、绿色了吗？你是怎么做的？

4. 利用课件梳理小结：原来，红色和黄色混在一起，变成了橙色；蓝色和红色混在一起，变成了紫色；黄色和蓝色混在一起，变成了绿色。（图1）

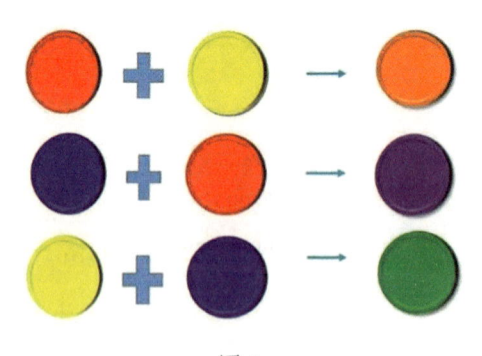

图1

94　幼儿园科学主题系列活动设计

活动延伸

区域活动：（1）将红色、黄色、蓝色的塑料片，颜料水，量杯等投放在科学区，让幼儿继续玩变色游戏；（2）幼儿创编《红、黄、蓝三兄弟》的故事。

附故事

红、黄、蓝三兄弟

有一个小哥哥带着红、黄、蓝三兄弟到幼儿园表演魔术。红色说："我是红色，能变出红太阳，大红旗，小朋友的红毛衣、红皮球。"黄色说："我是黄色，能变出黄香蕉、大鸭梨、黄色的帽子。"蓝色说："我是蓝色，能变出蓝色的天、蓝色的海，还能变出小朋友蓝色的毛衣、毛裤。"

小哥哥说："不行不行，太简单了，动脑筋的魔术师才有意思，不动脑筋真没意思！"它们表演的第一个节目叫变橘子。一张白纸上，只变出了一个白橘子，不像怎么办？第二个节目叫变葡萄，一串串的白葡萄也没见过。第三个节目叫变青蛙，只见从河里跳出了一只白青蛙，它"呱呱呱"地叫着。奇怪，还是不像啊。只见红、黄、蓝三兄弟，你看看我，我看看你，没了办法。它们可着急了，这魔术变不出来可真丢人呀。

现在，请聪明的小朋友帮助红、黄、蓝三兄弟变出橙色的橘子、紫色的葡萄，还有绿色的青蛙，好吗？

颜色魔术师（游戏活动）

游戏目标

1. 感知和体验三原色作为基色通过搭配混合可以形成其他颜色。
2. 探索简单的颜色搭配规律。
3. 细心操作且有秩序，学习做简单的实验记录。

游戏准备

1. 经验准备：探索过三原色混合的变化。
2. 物质准备：调色盘1个，棉签6根，小勺3个，滴管1个，画刷1个，红、黄、蓝颜料各1瓶，盛水杯，12色水彩笔，记录表等。

游戏玩法

1. 幼儿参照表1，用红、黄、蓝三种颜色进行搭配变出其他颜色。

幼儿用小勺取一勺蓝色颜料放入调色盘中的一个小格子里，再用另一把勺子取一勺黄色颜料加入其中，用滴管吸一些水并滴进颜料中，然后用棉签搅一搅，观察会出现什么颜色。幼儿还可尝试用蓝色颜料混合红色颜料，或者用黄色颜料混合红色颜料。（图1～图3）

表1 "颜色魔术师"记录表（1）

颜色组合 红 黄 蓝	猜想	结果
蓝 + 黄		
蓝 + 红		
黄 + 红		

图1　　　　　　　图2　　　　　　　图3

2. 幼儿参照表2，自主使用12色水彩笔通过涂色的方式猜想并记录自己想变出的颜色。

表2 "颜色魔术师"记录表（2）

想变出的颜色	猜想 ◯+◯	结果
◯		
◯		
◯		

3. 幼儿边操作边将自己的实验结果记录在表格中。

游戏指导

1. 重点指导：引导幼儿有序地记录自己的猜想，并按照记录表猜想的顺序操作。鼓励幼儿大胆尝试运用自己的方式进行实验，不断提升游戏的经验。

2. 个别指导：操作中提醒幼儿不混用小勺和棉签，以免造成实验结果的不准确。

游戏延伸

师幼共同阅读绘本《小蓝和小黄》，幼儿结合自己的色彩混合经验仿编或续编故事。

好玩的三原色（亲子活动）

活动目标

1. 尝试用三原色做颜色融合实验，体验颜料渗透与混合后发生的颜色变化。

2. 发现颜色混合会变色的现象。

活动准备

物质准备：5个颜料杯，红、黄、蓝三色的液体颜料，餐巾纸等。

活动小贴士

1. 在日常生活中，与幼儿一起玩三原色游戏。

玩法参考：幼儿将红色、黄色、蓝色的颜料，分别倒入三个颜料杯里并加入少许水。取一张餐巾纸，一端放入红色颜料的杯子里，另一端放入空杯子；再取另一张餐巾纸，一端放入黄色颜料的杯子里，另一端放入同一个空杯子里。同样，幼儿将两张餐巾纸分别放在装有红色颜料、蓝色颜料的杯子以及空杯子里。过一段时间，观察空杯子会发生什么变化。（图1、图2）（会看到中间的空杯子里出现了橙色和紫色的液体。）

2. 鼓励幼儿尝试运用以上方法，做其他颜色融合的小实验。

图1　　　　　　　　　　图2

3. 亲子收集生活中可以玩混色游戏的材料（颜料、粘土、色素）带到幼儿园和同伴一起分享、探究。

提取植物色素（游戏活动）

游戏目标

1. 初步了解不同植物中含有不同颜色的色素。
2. 感受植物色素的丰富多彩，积极参与植物色素的提取实验。

游戏准备

1. 经验准备：对提取植物色素有一定的了解。
2. 物质准备：容易挤出有色汁液的植物（如西瓜、红心火龙果等）、一次性透明手套、纱布、滴管、瓷碗、研磨器等。

游戏玩法

1. 幼儿戴上一次性手套，自由选择用于提取色素的植物。
2. 幼儿将植物放到研磨器中，自主尝试用挤压、敲打等方式将植物捣碎，捣碎后用纱布过滤汁水。把挤出来的汁液装在白色瓷碗中。（图1、图2）

图1　　　　　　　　　　图2

游戏指导

1. 重点指导：鼓励幼儿通过动手操作，提取植物色素。如果幼儿所选择的植物捣碎后汁液不多，可建议幼儿加入少量清水。

2. 个别指导：注意观察幼儿的活动情况，避免将几种植物混在一起，影响色素的颜色表现。

游戏延伸

提取出的植物色素可以用来画画或者玩扎染游戏。

紫甘蓝汁变变变（集中活动）

活动目标

1. 仔细观察紫甘蓝汁变色实验，并乐意与同伴分享交流。
2. 初步探究紫甘蓝汁遇到不同酸碱性物质发生颜色变化的有趣现象。
3. 对生活中果蔬汁的颜色感兴趣，喜欢参与探究活动。

活动准备

1. 经验准备：幼儿对紫甘蓝、白醋、雪碧、苏打水、糖水等有所了解。
2. 物质准备：希沃课件、马克笔、记录表、紫甘蓝汁、白醋、雪碧、苏打水、糖水等。

活动过程

一、回顾情景，导入活动

1. 出示幼儿吃火龙果时的照片，提问：照片中的小朋友怎么了？
2. 梳理小结：果汁是有颜色的，当我们的皮肤接触到果汁就会染上颜色。

二、初次操作，感受变色的神奇

1. 介绍紫甘蓝汁和白醋，引发幼儿猜想：如果将紫甘蓝汁和白醋混合在一起，可能会发生什么变化？（图1、图2）

图1 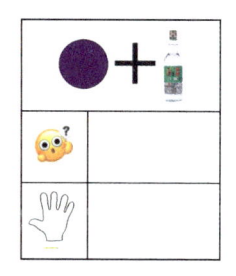　　　　　　　　　　图2

2. 幼儿自主操作，教师巡回指导。

3. 交流分享：你做了什么？发现了什么？与你原来的猜想一样吗？

4. 梳理小结：紫甘蓝汁和白醋混合，会变成红色。

三、再次操作，进一步感知紫甘蓝汁的多种变化

1. 介绍实验材料，引发幼儿猜想：如果将紫甘蓝汁与雪碧、苏打水、糖水混合，会不会变色？请把猜想记下来，然后再验证。（图3、图4）

图3

图4

2. 幼儿操作，教师巡回指导。

3. 集中分享、交流实验结果：你分别混合了哪两种液体？有无变化？你的猜想和实验结果是否一致？

颜色变变变　101

4. 结合视频，梳理小结：紫甘蓝汁与雪碧混合会变成红色，紫甘蓝汁与苏打水混合会变成绿色，紫甘蓝汁与糖水混合会变成淡紫色。（图 5）果蔬汁遇到不同的液体会发生不同的变化。

图 5

四、视频拓展，了解生活中的植物色素

1. 观看视频，了解植物色素。生活中还有哪些果蔬汁是有颜色的？这些果蔬汁有什么作用呢？

2. 梳理小结：果蔬汁不仅有营养，而且还能做出可口的食物。

活动延伸

区域活动：收集用于实验的果蔬，投放至科学区，幼儿提取果蔬汁后，尝试与各种不同的液体混合，玩变色实验。

染色游戏（游戏活动）

游戏目标

1. 学会用彩色颜料（或植物色素）在纸巾（或棉布）上染色。
2. 感知颜料在纸巾（或棉布）上出现的晕染现象。
3. 喜欢在纸巾（或棉布）上进行染色活动并从中感到快乐。

游戏准备

1. 经验准备：有进行扎染的经验。
2. 物质准备：纸巾、棉布、染料水、滴管、皮筋、线绳、细铜丝等。

游戏玩法

1. 纸巾染色。

自制彩色颜料（或植物色素）水（图1）；将一张纸巾对折后再对折（图2），或将纸巾对角折后再对角折（图3），也可将纸巾卷成卷儿（图4）；用滴管交替吸取不同颜料（或色素）水，滴到纸巾的任意位置来自由创作（图5）；打开纸巾，属于自己的染色作品就做好了（图6）。

温馨小提醒：折叠纸巾的方式可以多样，不必局限于上述方法。

图1

图2

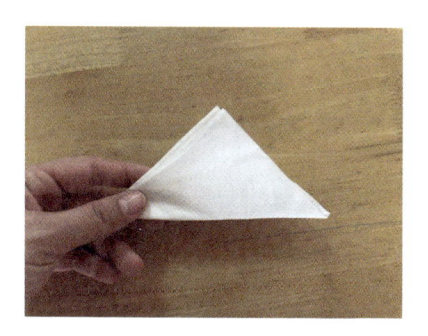

图3

图4

图 5　　　　　　　　　　　　　图 6

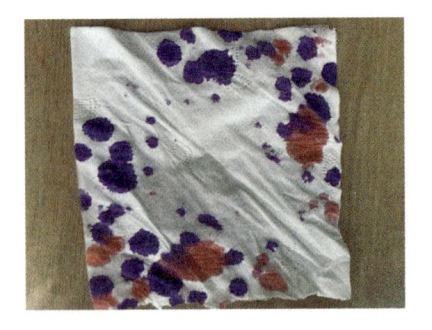

2. 棉布扎染。

将棉布卷成窄条，用皮筋或线绳一节一节地缠绕或按其他方式缠绕紧密。（图7）缠好后，将棉布条浸入颜料水中，取出晾干，棉布扎染作品就诞生了（图8）。

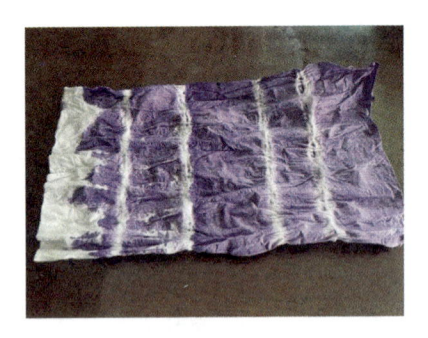

图 7　　　　　　　　　　　　　图 8

游戏指导

1. 重点指导：引导幼儿大胆创作，折或扎的方法可以多样，滴颜料的位置也可以多样，如对称着滴、有规律地间隔着滴、沿着边缘滴、格子状交替着滴。

2. 个别指导：对操作有困难或游离于游戏之外的幼儿进行个别指导。

游戏延伸

幼儿可寻找班级里其他材质的纸张，如打印纸、宣纸等，继续进行染色游戏，观察哪种类型的纸张染色效果最佳。

神奇的胶水画（集中活动）

活动目标

1. 认识宣纸并探索、体验其吸水性强的特点。
2. 了解宣纸着色部位和涂胶水部位形成对比（衬度）的有趣现象。
3. 在游戏过程中喜欢动手动脑并愿意表达自己的想法和发现。

活动准备

1. 经验准备：有涂色、涂鸦的经验。
2. 物质准备：图画纸、宣纸、胶水、液体颜料、颜料碗、画刷、纸巾、滴管或者喷水壶等。

活动过程

一、出示材料，认识作画工具

1. 引导语：小朋友们，这些是什么？（出示胶水、宣纸、图画纸。）你们知道它们都有哪些作用吗？
2. 鼓励幼儿大胆发表自己的想法。
3. 幼儿探索宣纸吸水性强的特点：通过看一看、摸一摸等方式感知宣纸的特点，并通过向宣纸和图画纸分别滴水或者喷水的方式，比较并发现宣纸吸水性强的特点。
4. 梳理小结：在宣纸上和图画纸上滴水，宣纸就像个饿肚子的宝宝一样，一下子就能吃很多，而图画纸就像吃饱的孩子，只能慢慢地吃。

二、动手操作，分步作画

1. 幼儿自主探索在胶水上作画，教师观察指导。
（1）在图画纸的四周涂少许胶水，然后将宣纸平整地粘贴在上面。（图1）

(2) 用胶水在宣纸上作画，画完后晾干。(图 2)

(3) 将颜料倒入颜料碗中并加入少量水，然后用画刷在用胶水画过的宣纸上均匀地涂色。(图 3)

(4) 把纸巾铺在画纸上，用纸巾轻吸画面上的水，揭去纸巾后画作即完成。(图 4)

图 1

图 2

图 3

图 4

2. 集中交流分享：你是如何在胶水上作画的？在操作的过程中遇到了什么困难？等胶水干后，颜料涂上去会出现什么效果？

3. 梳理小结：因为宣纸吸水性很强，加了水的颜料能够很快地在上面扩散。宣纸上的胶水干了以后，颜料就不能渗入宣纸的涂胶水部分，于是在宣纸有胶水部分和无胶水部分就出现了不一样的画面效果。(图 5)

图 5

三、再次作画，感受涂胶水多少的区别

1. 引导语：为什么要等胶水干了之后再涂色呢？胶水多一些的部位和胶水少一些的部位，颜料涂上去后形成的对比效果有没有不同呢？

2. 幼儿再次作画，教师提醒幼儿观察比较。

3. 幼儿交流分享自己在操作中的发现。

4. 梳理小结：胶水涂得越多，颜料就越不容易渗入宣纸的涂胶水部分，对比的效果就越明显。（图6、图7）

图 6   图 7

活动延伸

家园共育：用宣纸、胶水还能做出更加漂亮的图案吗？幼儿回家后继续尝试进行涂色实验。

隐藏的颜色（集中活动）

活动目标

1. 体验滴水后颜料在滤纸上呈现出的颜色变化。
2. 喜欢猜想与动手操作，提高动手探索能力。

颜色变变变　107

活动准备

1. 经验准备：对水的扩散作用有一定的认识。
2. 物质准备：滤纸圆片 2 片、普通纸圆片 2 片、水彩笔 2 支、瓶盖 2 个、滴管 1 个、水、杯子等。

活动过程

一、谈话导入，引发兴趣

1. 出示用滤纸和普通纸裁成的小圆片：有两个小圆片要和小朋友们做游戏，请小朋友们看看它俩长得一样吗？如果把水滴在这两张小圆片上，会出现什么现象？出现的现象相同吗？
2. 引导幼儿通过看一看、摸一摸等方式，自主探索两个小圆片的不同。
3. 梳理小结：它俩摸起来不一样，一个光滑一点，一个涩一点。这个相对光滑的圆片是普通纸，涩一点的圆片是滤纸。

二、初步操作，对比两种纸在滴水后的不同

1. 幼儿用滴管依次将水滴到滤纸和普通纸上。
2. 幼儿自由探索，观察、比较将水滴在两种纸上的不同变化。
3. 集中交流、分享操作结果：将水滴在滤纸和普通纸上，水就会从滴水的位置向外扩散。（图1、图2）

图 1

图 2

三、再次操作，感受颜料颗粒会随着水扩散的现象

1. 幼儿操作，探索颜色的变化。

（1）用紫色（或黑色、绿色）水彩笔在滤纸上画图案，如实心圆、圆圈、小花朵、小星星等。（图3）

（2）把滤纸平放在瓶盖上。在杯子中装入水，用滴管将水滴在滤纸的图案上，观察颜色的变化。（图4）

图 3　　　　　　　　　　　图 4

（3）用橙色水彩笔在另一滤纸上画图案，画好后平放在另外一个瓶盖上。将水滴到图案上，观察颜色的变化。（图5）

（4）晾干后，观察发现图案的边缘出现了其他颜色，如用紫色笔画的图案，边缘会出现浅红色；用橙色笔画的图案，边缘会出现黄色。（图6）

图 5　　　　　　　　　　　图 6

（5）按照上述步骤，在普通纸圆片上进行同样的操作，观察是否有颜色的变化。

2. 和幼儿一起梳理小实验中的经验与发现：将水滴到滤纸上的图案后，颜料颗粒会随水扩散，从而呈现出不均匀的颗粒分布。颜料颗粒的不均匀分布，就会造成不同的视觉效果。

活动延伸

区域活动：幼儿用其他颜色如红色、黄色、蓝色的水彩笔，在滤纸上画图案，再做同样的实验观察颜色是否有变化。

平衡乐园

(李明月　施志梅　叶丽雯)

生活中有很多现象都渗透着平衡原理。为什么自行车骑行时能保持平衡？不倒翁为什么不会倒？……一系列问题引发了幼儿的探究欲望，教师可以设计系列探究活动，引导幼儿通过观察、比较、操作、实验等方法，认识身边无处不在的平衡现象，对幼儿进行科学启蒙教育，发展其初步的探究能力。

主题目标

★情感态度
1. 积极探索，对平衡的秘密感兴趣。
2. 乐意参与有关平衡的探究活动。
3. 乐意与同伴共同探究，享受科学小实验的乐趣。

★知识经验
1. 尝试使不同物体保持平衡的方法。
2. 体验物体平衡点变化的奥秘。
3. 了解平衡在生活中的应用。
4. 理解平衡的概念，知道天平的砝码和物品之间的等量关系。
5. 了解力的平衡，知道 M 形玩具两端物品的重量不同，平衡状态就会不同。

★综合能力
1. 能通过观察、比较、操作、实验等方法，验证自己的猜想。

续表

主题目标

2. 能用自己喜欢的方式记录有关平衡的探究结果并能大胆表达。
3. 能运用平衡的原理来迁移解释生活中的平衡现象。

系列活动一览表			
序号	活动名称	活动形式	科学原理点
1	好玩的天平	游戏活动	平衡与重心
2	可爱的M形玩具	集中活动	平衡与重心
3	顶纸板	游戏活动	平衡与重心
4	生活中的平衡	亲子活动	平衡与重心
5	不倒翁真好玩	集中活动	平衡与重心
6	顶物竞走	游戏活动	平衡与重心
7	奇妙的平衡卡	集中活动	稳定平衡和不稳定平衡
8	陀螺夹夹乐	集中活动	平衡和角动量守恒
9	纸盒不倒	游戏活动	平衡与重心
10	地垫不倒翁	亲子游戏	平衡与重心

好玩的天平（游戏活动）

游戏目标

1. 认识天平，了解天平的作用。
2. 理解平衡的概念，知道天平的砝码和物品之间的等量关系。

游戏准备

物质准备：天平、砝码、小玩具、生活物品等。

游戏玩法

1. 幼儿自主在天平的两边分别放置不同的砝码，尝试让天平保持平衡并做记录。（图1）

2. 鼓励幼儿利用生活中的物品，如松果、小石头、贝壳等替代砝码，尝试让天平保持平衡并做记录，了解物品之间的等量关系。（图2～图4）

图1

图2

图3

猜想一下，需要多少材料才能使天平保持平衡？请将你的操作结果记录下来。

材料	数量	材料	数量	是否平衡

……		……		

图4

平衡乐园　113

游戏指导

1. 重点指导：引导幼儿探索天平保持平衡的条件并做记录。
2. 个别指导：对操作有困难或游离于游戏之外的幼儿进行个别指导。

游戏延伸

1. 寻找天平在生活中的应用。
2. 用生活中的材料制作简易天平，如衣架天平等，继续玩天平游戏。

可爱的 M 形玩具（集中活动）

活动目标

1. 体验玩 M 形玩具的乐趣。
2. 初步了解力的平衡，知道 M 形玩具两端物品的重量不同，平衡状态就会不同。

活动准备

1. 经验准备：有玩天平的经验。
2. 物质准备：M 形玩具 1 个、小毛绒玩具 2 个、大毛绒玩具 1 个等。

活动过程

一、经验回顾，激发兴趣

1. 引导语：如果在天平的两边放上相同重量的物品，天平会怎么样？如果在天平的两边放上不同重量的物品，天平又会怎么样？
2. 梳理小结：当天平两边的物品一样重时，天平就会平衡；当天平两边的物品不一样重时，天平就不平衡。

二、出示 M 形玩具，感知平衡状态

1. 教师出示 M 形玩具，将 M 形玩具的中间部位放在指尖上，请幼儿观察它的平衡状态。（图 1）

2. 提问：这个玩具是什么形状的？（像英文字母 M。）这个玩具在我的指尖上是稳稳地停留着还是东倒西歪的？

3. 梳理小结：M 形玩具可以稳稳地停留在指尖上，这种状态就叫作平衡。

图 1

三、第一次动手操作，初步了解力的平衡

1. 出示 M 形玩具和毛绒玩具、记录表（图 2），引发猜想。

引导语：如果在 M 形玩具的一端挂上一个小玩具，另一端不挂玩具，猜猜 M 形玩具会保持平衡吗？如果在 M 形玩具的两端分别挂上两个相同的毛绒玩具，猜猜它会保持平衡吗？如果在 M 形玩具的两端分别挂上两个不同的毛绒玩具，猜猜它还会保持平衡吗？请把你的猜想记录在记录表的"猜想"栏。

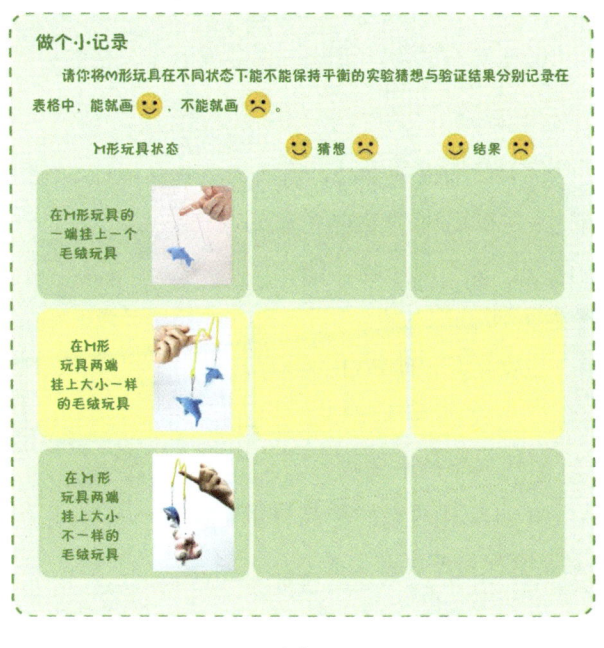

图 2

平衡乐园 115

2. 幼儿动手操作，验证猜想。

引导语：现在请小朋友拿起 M 形玩具动手试一试，把你观察到的结果记录在记录表的"结果"栏。（图3～图5）

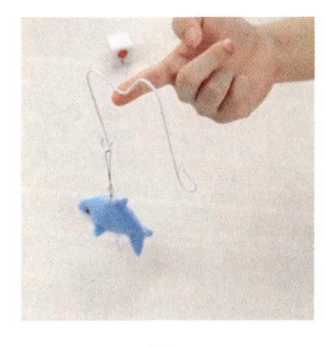

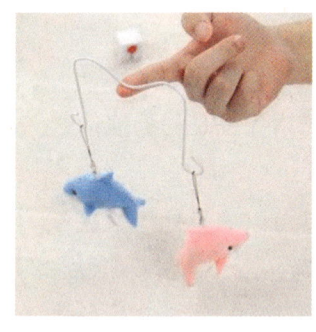

图 3　　　　　　　　图 4　　　　　　　　图 5

3. 交流分享操作结果。

（1）M 形玩具在什么情况下能平衡？在什么情况下不能平衡？

（2）M 形玩具和天平有共同之处吗？有哪些地方一样？

4. 梳理小结：天平和 M 形玩具能否平衡，取决于所放或所挂物品的重量。如果两端的物品重量一样，天平和 M 形玩具就会平衡；如果两端的物品重量不一样，天平和 M 形玩具就不平衡，重的一边会沉下去，轻的一边会翘上来。

四、第二次动手操作，进一步了解力的平衡

1. 鼓励幼儿尝试寻找周围的物品，看看哪些物品能让 M 形玩具保持平衡。

引导语：请你找一找周围的物品，试着挂在 M 形玩具的两端，看哪两个物品能让 M 形玩具保持平衡？（图6）

2. 幼儿自主寻找物品，动手操作。

3. 交流分享操作结果：你寻找到了什么物品？它们能让 M 形玩具保持平衡吗？

4. 梳理小结：M 形玩具两端的物品重量一样时，M 形玩具就会保持平衡。

图 6

活动延伸

区域活动：继续探索还有哪些物品能让 M 形玩具的两端保持平衡。

顶纸板（游戏活动）

游戏目标

1. 通过顶纸板游戏探索物体的平衡，尝试找到物体的平衡点。
2. 在游戏过程中喜欢动手动脑，并愿意表达自己的想法和发现。

游戏准备

1. 经验准备：对找到物体的平衡点有一定的操作经验。
2. 物质准备：圆形、正方形、长方形、等边三角形纸板若干，积木，盘子，泡沫垫或泡沫玩具，铅笔，彩笔，剪刀，记录纸，笔等。

游戏玩法

1. 幼儿自由选择各种形状的纸板，尝试用笔将纸板稳稳地顶起来并记录平衡点。（图1）
2. 找到让纸板保持平衡的方法后，拓展经验为积木、盘子等寻找平衡点。（图2、图3）

图 1　　　　　　　　图 2　　　　　　　　图 3

3. 幼儿先猜想将笔顶在下列材料的哪个小黑点上，能让材料保持平衡，再动手操作，然后将猜想和操作结果记录在表1。

表1

材料	猜想	操作结果

游戏指导

1. 重点指导：帮助幼儿理解能让物体保持平衡的这个点叫作平衡点，并请幼儿在记录表上记录顶在几号黑点上能让物体保持平衡。

2. 个别指导：对操作有困难或游离于游戏之外的幼儿进行个别指导。

游戏延伸

引导幼儿剪去纸板的一角，猜测纸板的平衡点是否会发生变化。

生活中的平衡（亲子活动）

活动目标

1. 寻找生活中的平衡现象，对生活中的平衡现象感兴趣。
2. 发现平衡的特性，初步了解平衡在生活中的应用。

活动准备

物质准备：与幼儿共同收集制作平衡玩具和平衡小发明的材料。

活动小贴士

1. 在日常生活中，与幼儿一起寻找生活中的平衡现象，引导幼儿发现平衡的物品或玩具，比如天平、衣架、不倒翁、平衡鸟、跷跷板等，说一说这些物品的平衡点在哪里，进一步引导幼儿发现平衡的特性。
2. 亲子收集生活中的平衡玩具，带到幼儿园和同伴一起分享、探究。
3. 幼儿和家长一起探索生活中物体的平衡。

不倒翁真好玩（集中活动）

活动目标

1. 体验玩不倒翁游戏的乐趣。
2. 通过操作感知不倒翁不倒的秘密是不倒翁的底座里加入了重物。

活动准备

1. 经验准备：玩过不倒翁玩具。
2. 物质准备：不倒翁玩具1个（含1个半圆形底座和1个圆锥形身子）、橡皮泥1条、塑料眼睛2个、双面胶、组装好的放有橡皮泥的不倒翁玩具等。

活动过程

一、推一推，感受不倒翁不倒的现象

1. 教师出示组装好的、放有橡皮泥的不倒翁玩具，请幼儿推一推不倒翁。
2. 梳理小结：不倒翁的本领就是不管你怎么推，它都不会倒下。

二、第一次动手操作，探索没放橡皮泥的不倒翁玩具

1. 引导语：你想拥有一个属于自己的不倒翁吗？
2. 动手操作，组装没放橡皮泥的不倒翁玩具。

（1）幼儿取出不倒翁玩具材料，将玩具组装好：用双面胶将两个塑料眼睛粘贴在不倒翁玩具的圆锥形身子上，然后将半圆形底座和圆锥形身子扣在一起。（图1）

（2）提问：你的不倒翁玩具组装好了吗？试一试你的不倒翁会倒下吗？怎样才能让它不倒下？

3. 幼儿打开教师示范用的不倒翁，观察不倒翁肚子里隐藏的秘密。

图1

4. 梳理小结：不倒翁能够保持不倒是因为肚子里放了一定重量的橡皮泥，如果肚子里没有放橡皮泥，不倒翁就会被推倒。

三、第二次动手操作，探索放了橡皮泥的不倒翁玩具

1. 幼儿将少量的橡皮泥放入半圆形的底座中，扣上圆锥形身子。（图2）幼儿再次推一推不倒翁，观察不倒翁的状态。（图3）

引导语：请你继续尝试要放入多少橡皮泥，不倒翁才能保持不倒呢？（图4）

图2 　　　　　　　　图3 　　　　　　　　图4

2. 交流分享操作结果：放入少量橡皮泥的不倒翁玩具倒下了吗？为什么会倒下？你是怎么解决这个问题的？（增加橡皮泥的数量。）最后放了多少橡皮泥，不倒翁才不会倒下？

3. 梳理小结：放入少量橡皮泥的不倒翁因为底座太轻了，还是会倒下。需要继续增加橡皮泥的数量，大概装满半圆形底座，才能让不倒翁保持不倒。

四、第三次动手操作，探索放入其他物品的不倒翁玩具

请幼儿想一想、找一找：除了橡皮泥，还可以在不倒翁的肚子里放什么东西

使它不倒呢？

活动延伸

区域活动：提供鸡蛋壳等材料，让幼儿自制不倒翁玩具。

顶物竞走（游戏活动）

游戏目标

1. 能头顶沙包在平衡木上行走、在平地上走S形弯路，并保持身体的平衡。
2. 提高动作的灵活性和协调性。
3. 体验头顶物品走平衡木的乐趣。

游戏准备

1. 经验准备：有走平衡木的经验。
2. 物质准备：平衡木、沙包、纸杯、路障、玩具筐等。

游戏玩法

1. 幼儿自主探索运粮食（沙包）的方法，讨论怎样让沙包不掉下来。

（1）第一次游戏——直线运粮。

幼儿头顶沙包走过小桥，将沙包放到终点的玩具筐里。把沙包全部运完，任务就完成啦！（图1）若途中沙包掉下来应拾起来放好再走，在运沙包的过程中不能用手扶着。

（2）第二次游戏——曲线运粮。

增加难度，幼儿头顶沙包走S形弯路，绕过障碍物到达终点。把沙包全部运完，挑战就完成啦！（图2）

图1

平衡乐园

2. 鼓励幼儿体验运送不同的物品，如更轻的纸杯、更小的玩具等，或挑战平衡木的变向摆放，如 Z 形等。（图3、图4）

图 2　　　　　　　　　　图 3　　　　　　　　　　图 4

游戏指导

1. 重点指导：在游戏过程中指导幼儿以正确的姿势保持身体的平衡，如头部保持直立，双手自然摆动。同时，需要注意行走的步幅和节奏，以保证速度和稳定性。

2. 个别指导：对身体的平衡能力、动作的灵活性和协调性较弱的幼儿进行个别指导。

游戏延伸

提供过河石等器材，请幼儿尝试创新送粮游戏。

奇妙的平衡卡（集中活动）

活动目标

1. 体验利用平衡卡让物体保持平衡的奇妙现象。
2. 在实验过程中大胆猜想、勇于探索，并表达与分享实验中的感受。

活动准备

1. 经验准备：有走平衡木的经验。
2. 物质准备：平衡卡1张、塑料圆片2个、雪糕棍1根、筷子1支、吸管1根等。

活动过程

一、观看视频，激发兴趣

1. 播放杂技演员走钢丝的视频，引起幼儿的兴趣。

引导语：视频中这个小女孩在做什么？（走钢丝。）她在做高难度的动作时，她的胳膊是怎样的一个状态？是向两边伸开的还是下垂的？你觉得她这样做的好处是什么？

2. 梳理小结：当我们走在平衡木上时，一般会将两臂侧平举，脚尖对脚跟，来帮助我们更好地保持平衡。

二、第一次动手操作，初步感知不稳定平衡

1. 出示平衡卡、塑料圆片，引发猜想。

引导语：你能将塑料圆片放在这张平衡卡上而不掉下去吗？试一试！（图1）

2. 幼儿动手操作，验证猜想。
3. 梳理小结：将塑料圆片放在平衡卡上并不容易，因为没有比较稳定和固定的平衡点。

图1

三、第二次动手操作，探究从稳定平衡达到不稳定平衡

1. 导入语：在刚才第一次实验中，塑料圆片不太容易放在平衡卡上，你觉得有什么好办法可以解决？
2. 交流分享：你用了什么办法成功地让塑料圆片停留在平衡卡上？平衡卡在这个过程中发生了什么变化？
3. 幼儿动手操作验证猜想，探究从稳定平衡达到不稳定平衡的状态。

4. 梳理小结：把平衡卡从中间对折，然后展开成 90°立在桌子上，将一个塑料圆片放到平衡卡的折角处，塑料圆片就能稳稳地停在平衡卡上。（图 2）然后两手握住平衡卡的两端，慢慢地往外拉伸，使夹角变大到 180°，此时圆片仍能停留在平衡卡上。

四、增加材料，深入探究不稳定平衡

1. 出示记录表（图 3），鼓励幼儿尝试寻找班级里的物品，引发猜想并记录。

引导语：除了塑料圆片外，班级里还有哪些物品能在平衡卡上保持平衡？当平衡卡从 90°拉伸到 180°时，这些物品还能保持平衡吗？请你先猜想再操作，并将猜想和结果记录下来。

图 2

做个小记录

猜想一下这些物品放在平衡卡上会掉下去吗？当拉伸平衡卡到180°时，它们还能保持平衡吗？请将你的猜想和结果分别记录下来。

材料	猜想	结果
筷子		
吸管		
雪糕棍		

图 3

124　幼儿园科学主题系列活动设计

2. 幼儿自主寻找物品，动手操作。

3. 交流分享操作结果：你找到了什么物品？它们能停留在拉平的平衡卡上吗？你是怎么操作的？

幼儿自主介绍实验过程：将雪糕棍/筷子/吸管放到折成 90°的平衡卡上，然后慢慢拉大平衡卡的角度，观察物品在平衡卡上的平衡状态。（图 4、图 5）

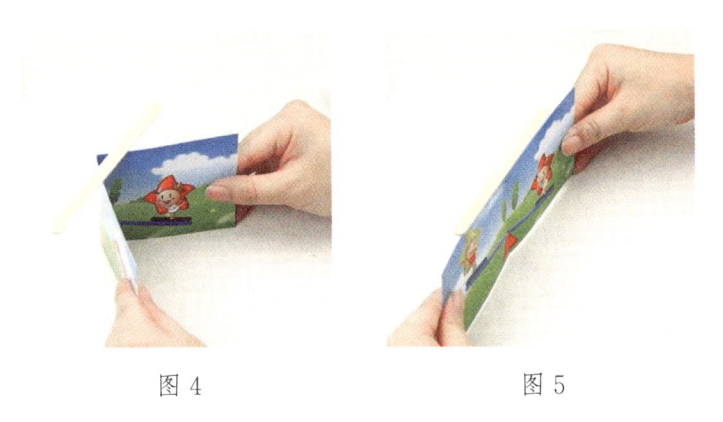

图 4　　　　　　　　　　图 5

4. 梳理小结：当将塑料圆片、雪糕棍、吸管等物品放在直的平衡卡上时，物品容易掉落。但是，如果把这些物品放在折成 90°的平衡卡上保持稳定平衡，再慢慢拉直平衡卡至 180°，就比较容易达到不稳定平衡。

活动延伸

请幼儿进行比赛，看谁的材料在平衡卡上停留的时间更长。

陀螺夹夹乐（集中活动）

活动目标

1. 用附加重物（夹子）的方式玩陀螺，初步感知平衡并尝试让陀螺平稳地旋转。

2. 能大胆猜想并讲述自己在玩陀螺时的发现，萌发探究欲望。

> **活动准备**

1. 经验准备：有玩陀螺的经验。
2. 物质准备：圆形陀螺人手一个、木夹子若干、其他形状的陀螺若干等。

> **活动过程**

一、比赛引入，激发兴趣

1. 引导语：听说小朋友们个个都是陀螺高手，可以把陀螺转得又稳又久，谁愿意上台来展示一下？
2. 幼儿上台进行转陀螺比赛，鼓励其他幼儿加油、数数。

二、提供单个夹子，引发猜想并操作验证

1. 提问：如果将1个木夹子夹在陀螺上会怎么样？请你试一试！（图1）
2. 鼓励幼儿大胆表达自己的猜想，并操作验证。要求：取1个夹子，夹在陀螺上，转动陀螺后观察其变化。
3. 梳理小结：夹上1个夹子后，陀螺一边重一边轻，转的时候会失去平衡，转不稳或是转一会儿就停了。

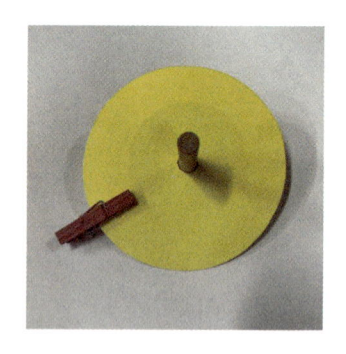

图1

三、增加多个夹子，感知并尝试保持平衡

（一）尝试一：在陀螺上夹2～3个夹子，让它转得又稳又久

1. 提问：如果想让夹上1个夹子的陀螺转得又稳又久？有什么好办法？（增加夹子数量。）鼓励幼儿大胆表达自己的想法。
2. 幼儿自由操作，探索夹上2～3个夹子让陀螺平稳转起来的方法。
3. 幼儿展示、分享结果，感知夹子的位置与陀螺平衡的关系。
4. 梳理小结：如果将两个夹子对齐中心点夹成一条直线或者让三个夹子分成的三条边一样长，就可以让陀螺保持平衡，平稳旋转得更久。（图2、图3）

图 2 　　　　　　　　图 3

（二）尝试二：在陀螺上夹 4 个夹子，让它转得又稳又久

1. 把夹子增加到 4 个，鼓励幼儿多观察多思考多尝试，探索夹夹子的不同方法，让陀螺平稳地转起来。（图 4）

2. 交流、分享操作结果，感知夹子不同的排列方式与陀螺平衡的关系。

3. 梳理小结：通过在陀螺面上找到夹夹子的适合位置，比如对称、等分位置等，从而实现陀螺的平稳旋转。

图 4

四、陀螺大王，比赛分享

1. 比赛规则：不限定夹夹子的数量；可以自己独立完成，也可以和好朋友合作完成；夹夹子的时间为 2 分钟，计时器铃声响起时比赛结束。

2. 幼儿自由选择自己喜欢的方式夹夹子。

3. 集体比赛转陀螺，评选出陀螺大王并颁发奖牌，获胜的幼儿发表获奖感言。

活动延伸

区域活动：增加不同形状的陀螺和不同材质的夹子，让幼儿继续探索陀螺的不同玩法。

纸盒不倒（游戏活动）

游戏目标

1. 通过叠放纸盒来调整纸盒的重心，使纸盒保持平衡不倒。
2. 喜欢动手尝试，体验探究的乐趣。

游戏准备

物质准备：纸盒8个。

游戏玩法

1. 将纸盒逐一往上叠放。叠放时，使上方的纸盒总比下方的纸盒多伸出一定的长度，鼓励幼儿多次尝试，最终使最上方的纸盒比最下方的纸盒多伸出半个多纸盒的长度。（图1）
2. 尝试用不同的方式摆放纸盒使纸盒保持平衡不倒。

图1

游戏指导

1. 重点指导：帮助幼儿理解垒在一起的纸盒组成的整体改变了原有物体的重心位置，重心向纸盒伸出的方向偏移，但只要重心位置始终在最下方纸盒的内侧，纸盒就不会倒塌。
2. 个别指导：对操作有困难或游离于游戏之外的幼儿进行个别指导。

游戏延伸

引导幼儿尝试用这种方法摆放积木。

地垫不倒翁（亲子活动）

活动目标

1. 尝试保持身体平衡，提高身体的协调性、平衡能力与运动能力。
2. 乐意参与平衡游戏，体验游戏的快乐与挑战，懂得要坚持到底。

活动准备

物质准备：地垫2块（或用纸板等生活用品替代）。

活动小贴士

1. 家长与幼儿一起探索用身体的什么部位顶地垫，能让地垫保持平衡。（图1、图2）

图1   图2

2. 家长与幼儿共同探索如何让自己像不倒翁一样在地垫上保持平衡。（图3、图4）

平衡乐园　129

图3　　　　　　　　　　　　图4

3. 家长与幼儿合作探索两人在同一块地垫上有几种保持平衡的姿势。（图5）

图5

大　班

多变的光

(陈 舒　邵俊敏　纪晓君)

在区域活动中，幼儿发现墙上移动的光斑，对光斑产生了极大的兴趣。光为什么会移动呢？光是什么颜色的？它还藏着什么秘密呢？……一系列问题引发了幼儿的探究欲望。教师可以设计系列探究活动，引导幼儿通过观察、比较、操作、实验等方法，认识多变的光，同时通过科学探索激发幼儿的探究兴趣，让科学探索的种子在幼儿心中生根发芽。

主题目标
★情感态度 1. 积极探索，对光的秘密感兴趣。 2. 乐于表达，喜欢交流自己发现的光的秘密。 3. 同伴协作，感受探索光的乐趣。 ★知识经验 1. 了解光的种类。 2. 知道光的基本物理现象：折射、反射、直射。 3. 了解光的作用与应用。 ★综合能力 1. 能通过有趣的观察、实验理解多变的光。

续表

主题目标

2. 能用表格、图画、符号等多种表征方式记录光的探究结果。
3. 会利用光的特性完成科学小制作。

系列活动一览表			
序号	活动名称	活动形式	科学原理点
1	生活中的光	亲子活动	光的知识
2	有趣的光斑	集中活动	光的直射
3	追光跳	游戏活动	光的直射
4	有趣的光反射	集中活动	光的反射
5	神奇的万花筒	亲子活动	光的反射
6	被困住的光	游戏活动	光的全反射
7	消失的硬币	游戏活动	光的折射
8	水凸透镜	集中活动	光的折射
9	细菌不见了	游戏活动	光的折射
10	3D眼镜	亲子活动	红蓝滤光
11	灯光秀	游戏活动	色光三原色

生活中的光（亲子活动）

活动目标

1. 寻找并尝试记录生活中各种各样的光。
2. 了解光在生活中的作用。

活动准备

物质准备：笔、调查表（图1）等。

我们的调查表

关于光我想知道……

哪些东西会发光？

光在生活中有哪些类别？

光有什么作用？

我还知道……

图1

活动小贴士

1. 选择性地进行关于光的亲子互动：光从哪里来？哪些东西会发光？光有哪些类别……

2. 在日常生活中，引导幼儿发现光的作用，比如光合作用——植物生长、太阳能板——发电、晒太阳——补钙、日晷——计时等（图2~图5），感受光在

多变的光　135

生活中的重要性。

图2 　　　　　　　　　图3

图4 　　　　　　　　　图5

3. 有条件的家长可以带幼儿进行有关光的科学小实验。（图6）

4. 鼓励幼儿与家长通过画画、拍照、设计记录表等方式将自己的收获记录下来，并带到幼儿园交流分享。

5. 鼓励幼儿与家长共同阅读关于光的绘本。（图7～图9）

图6

图7 　　　　　　图8 　　　　　　图9

有趣的光斑（集中活动）

活动目标

1. 感受光斑和影子的关系，发现影子的形成是由于物体阻碍了光线的传播。
2. 探索让蝴蝶影子中出现光斑的方法。
3. 体验探索影子游戏的乐趣。

活动准备

1. 物质准备：外形不同的红、黄、蓝蝴蝶（蓝蝴蝶翅膀上画有两个圆形的图案）卡片人手1份（图1）；手电筒、打孔机人手各1个；记录表（图2）等。

图1

记录表

图2

2. 环境创设：用投影仪在屏幕上投射出3个不同外形轮廓的蝴蝶影子，其中蓝蝴蝶身上的圆形图案用打孔机镂空，使其影子上有两个圆形的光斑。

多变的光　137

活动过程

一、提问导入，激发兴趣

1. 引导语：你见过影子吗？这是谁的影子？蝴蝶的影子和蝴蝶一样吗？哪里不一样？

2. 鼓励幼儿大胆发表自己的想法。

二、动手操作，验证猜想

1. 出示蝴蝶卡片和记录表，引导幼儿猜测并记录。

引导语：请你从小椅子下拿出红、黄、蓝三张蝴蝶卡片，仔细看一看、猜一猜，屏幕上的这三个蝴蝶的影子分别对应的是哪张蝴蝶卡片？请把你的猜想记录下来。然后再拿手电筒对着每张蝴蝶卡片在墙面上照一照、比一比、看一看，再把验证结果记录下来。

2. 幼儿自主操作并记录，教师巡回指导。

3. 集中交流分享：三个蝴蝶的影子分别对应的是哪张蝴蝶卡片？蓝蝴蝶卡片翅膀上的两个圆形图案在影子上照出来了吗？为什么？

4. 梳理小结：光被不透明物体挡住，在物体背面会形成影子。蝴蝶的影子都是黑色的，而且影子的形状和蝴蝶卡片的外形大致一样。蓝蝴蝶卡片翅膀上的圆形图案不是透明的，光不能从此处直射过去，所以蓝蝴蝶卡片翅膀上的圆形图案是照不出来的。

三、再次操作，感知在蝴蝶卡片翅膀上镂空可以形成光斑的现象

1. 根据投影中翅膀上有光斑的蝴蝶影子，鼓励幼儿大胆猜想。

引导语：为什么这只蝴蝶的影子上会有两个光斑呢？这只蝴蝶是什么样的？请小朋友用自己的方法试一试（用打孔机在蓝蝴蝶卡片的翅膀上打两个孔），再用手电筒去照一照，看一看。

2. 幼儿自主操作并记录，教师巡回指导。

3. 集中交流分享：翅膀上打了洞的蝴蝶卡片能照出光斑吗？为什么？

4. 梳理小结：当手电筒对着蝴蝶卡片照射时，手电筒发出的光能从镂空处射出去，在墙上形成圆形的光斑。

四、观看视频，拓展经验

引导语：光斑的形成真有趣！在生活中，光沿直线传播的原理可以帮我们做什么呢？让我们一起来看一看。

梳理小结：激光准直、用遮阳伞遮阳、站队列等都应用了光沿直线传播的原理，为我们的生活带来了便利。（图 3～图 5）

图 3　　　　　　　　　图 4　　　　　　　　　图 5

活动延伸

区域活动：幼儿在科学区设计具有不同光斑图案的蝴蝶卡片。

追光跳（游戏活动）

游戏目标

1. 提高下肢力量和肌耐力、大运动能力，增强身体的协调性和灵活性。
2. 在游戏过程中喜欢动手动脑并愿意表达自己的想法和发现。

游戏准备

1. 经验准备：玩过追光游戏。
2. 物质准备：手电筒、地垫。

多变的光　139

游戏玩法

1. 在平坦的地面上，教师用手电筒照向地面的各个方向，在地面上形成光圈。孩子单脚跳、双脚跳或开合跳，踩住光圈。（图1~图3）

图1　　　　图2　　　　图3

2. 鼓励幼儿自创玩法，如设置障碍、增加手电筒、控制光圈的不同距离等。（图4）

图4

游戏指导

1. 重点指导：鼓励幼儿动手动脑，尝试运用不同难度的跳法踩住光圈。

2. 个别指导：对不会开合跳或游离于游戏之外的幼儿进行个别指导。

游戏延伸

幼儿尝试在阳光下玩"踩影子"游戏。（图5）

图5

有趣的光反射（集中活动）

活动目标

1. 了解光的反射现象，能通过改变镜子的角度让光往不同的方向反射。
2. 能用语言表述自己的探索过程和发现。
3. 体验探索的乐趣，了解光的反射与我们生活的关系。

活动准备

1. 经验准备：见过能反光的物品。
2. 物质准备：（1）每人一面平面镜（大小、形状各异）。（2）能表现光的反射的动画或图片。（3）能反光的物品，如调羹、茶杯、脸盆、光盘、手表等各种表面光亮的金属或玻璃物品；不能反光的物品，如书、粗糙的石头、衣服等。
3. 环境准备：阳光灿烂的日子。

活动过程

一、呈现光的反射现象，激发幼儿学习兴趣

1. 教师持镜子从户外反射阳光到教室内，鼓励幼儿寻找亮光，引出活动主题。
2. 提问：亮光是从哪儿来的？它是怎么进来的？

二、引导幼儿自主操作，探索镜子反光的现象

（一）第一次操作，尝试将光反射进教室

1. 引导语：你要怎样才能将太阳光反射到教室里？请拿镜子到户外试一试。
2. 引导幼儿发现，只有将镜面对着阳光，阳光才能反射到教室里。
3. 交流分享：在反射光的过程中，你有没有发现反射进教室的亮光是怎样的？它会不会移动？你能把光照在你想照的地方吗？你是怎样做的？

4. 梳理小结：反射的亮光大小和形状是不一样的；改变镜子的角度，亮光会移动。

（二）再次操作，尝试改变光的反射方向

1. 引导语：请小朋友们调整镜子的角度，看看光能不能往不同的方向反射。待会儿我们再来分享：光为什么能往不同的方向反射？

2. 梳理小结：光照到物体表面，被物体挡住，改变了原来传播的方向，被反射回去，这种现象叫作光的反射。

三、交流讨论，探索其他能反射光的物体

1. 引导语：生活中还有什么东西也可以像镜子一样反射光？桌子上还有小朋友们带来的材料，你们可以摸一摸、试一试，这些材料中哪些能反射光，哪些不能反射光？这些能反射光的东西有什么特点？反射的光又有什么不同？

2. 梳理小结：物体的表面越光滑，它的反光本领就越大。能反射光的物体都是表面光亮平整的，不能反射光的物体表面是粗糙的；小的物品反射出的光也小；不锈钢茶杯、脸盆反射的光是一圈一圈的……

四、联系生活，了解光反射的应用

（一）引导幼儿讨论，了解光的反射给我们的生活带来的便利

1. 引导语：光的反射会给我们的生活带来哪些便利？

2. 梳理小结：光的反射给我们的生活带来了许多便利，比如有趣的玩具——万花筒（图1），太阳能灶煮饭（图2），月亮能照亮黑夜……

图1　　　　　　　　图2

(二)引导幼儿讨论，知道光的反射也会带来不便

1. 引导语：光的反射会不会给我们的生活带来不便呢？

2. 梳理小结：城市里的很多高楼大厦外墙采用玻璃装饰，当强烈的阳光照射到玻璃幕墙时，会发生光的反射，让我们睁不开眼，造成光污染；黑板反光，会让我们看不清字，还会影响视力……我们要利用光反射的好处，减少光反射的危害，让光为我们的生活提供更多帮助。

活动延伸

1. 区域活动：设置"光反射"物品站，供幼儿体验光的反射。

2. 家园共育：与爸爸妈妈一起收集能反射光的物品，带到班级"光反射"物品站，与同伴交流、探索。

神奇的万花筒（亲子活动）

活动目标

1. 感知和体验珠子通过镜面反射会出现千变万化的对称图案。
2. 通过制作万花筒提高动手操作能力。
3. 在制作、玩万花筒的过程中感受到乐趣。

活动准备

物质准备：万花筒材料包（彩色纸卡1张、长方形镜子3面、透明三角形塑料片1片、珠子1袋）。（图1）

活动小贴士

1. 与幼儿一起将两面长方形镜子并排相连，把珠子放在竖立的两面相连的镜子前，看

图1

看会出现什么影像；引导幼儿调整镜子的角度，看看会有什么新发现。(图2)

2. 与幼儿一起玩万花筒或观看万花筒视频。与幼儿讨论万花筒里面五颜六色的图案是怎么产生的，进一步引导幼儿发现万花筒的秘密。

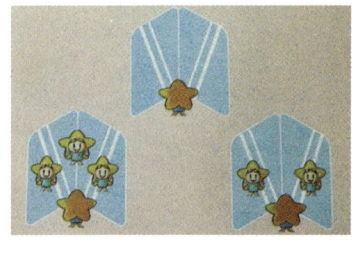

图2

3. 家长和幼儿共同制作万花筒小玩具（以下供参考）。

（1）揭掉彩色纸卡背面上第2、3、4区域的双面胶纸，撕掉镜子上的保护膜，依次将三面镜子粘贴在纸卡上面。(图3～图5)

图3 　　　　　　　　图4 　　　　　　　　图5

（2）揭掉纸卡第1区域的双面胶纸。把第5区域的三角形盖子向内折，将纸卡沿着折痕折成一个三棱柱形，用第1区域的双面胶粘贴牢固。(图6、图7)

图6 　　　　　　　　图7

（3）把小袋子中的珠子放进纸筒中。(图8)

（4）揭掉纸筒另一端的双面胶纸，将透明三角形塑料片粘贴在纸筒上。(图9)

144　幼儿园科学主题系列活动设计

图 8　　　　　　　　　　　　　图 9

（5）对着有光亮的地方，眼睛透过万花筒上的小孔往里看。

4. 鼓励幼儿自主探索万花筒的其他玩法。

5. 将材料包中的镜子带到幼儿园，和同伴一起合作摆"镜子迷宫"，镜子的位置可随意摆放，然后把小玩偶放在迷宫中，观察处于不同位置的小玩偶在镜子中出现了多少个影像。

被困住的光（游戏活动）

游戏目标

1. 通过小实验探索光的全反射现象。
2. 在游戏过程中喜欢动手动脑并愿意表达自己的想法和发现。

游戏准备

1. 物质准备：透明容器、激光笔、水、油等。
2. 环境准备：较为昏暗的室内环境。

游戏玩法

1. 幼儿向水中倒入油，静置一会儿，待油水分层。从不同的角度将激光射向水缸，观察水缸里的激光是否发生了全反射。

2. 幼儿向水中加入其他液体，尝试能否发生全反射现象。

多变的光　145

游戏指导

1. 重点指导：鼓励幼儿借助激光，尝试从不同的角度照射水缸，不断提升游戏中的经验，如从空气射向油和水，没有发生全反射（图1）；从水射向油，在水和油的界面上也没有发生全反射（图2）；从油射向空气（增大入射角度），在水和油的界面以及油和空气的界面上，都产生了全反射（图3）。

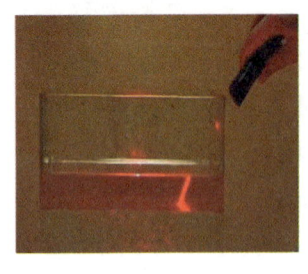

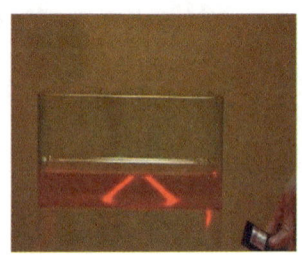

图1　　　　　　　　　图2　　　　　　　　　图3

2. 个别指导：对在游戏中操作有困难的幼儿进行个别指导。

游戏延伸

播放灯光喷泉视频，引导幼儿了解生活中的全反射现象。

消失的硬币（游戏活动）

游戏目标

1. 在实验探索中感知光的折射使硬币在水中消失不见的现象。
2. 在实验过程中喜欢猜想与动手操作，并积极与同伴分享自己的发现。

游戏准备

物质准备：透明杯子、硬币、筷子、水。

游戏玩法

1. 把一枚硬币放到透明杯子底下，从侧面和上面观察硬币，硬币消失了吗？（图1）硬币仍然放在透明杯子底下，倒入适量的清水，分别从侧面和上面观察硬币的变化。（图2）把硬币直接投入水杯中，分别从侧面和上面观察，硬币还会消失吗？（图3）

图1　　　　　　　　图2　　　　　　　　图3

2. 把硬币换成其他类似的轻薄物品，进一步感知光的折射使物品在水中消失的科学现象。

3. 把筷子插入盛水的杯子中，分别从侧面和上面观察筷子在水中的变化。（图4）

图4

游戏指导

1. 重点指导：鼓励幼儿借助水和硬币，运用不同的办法让硬币消失，不断提升游戏中的经验：我们能看到物体，是因为照射到物体上的光线反射进我们的眼睛。光线在穿过不同的透明物质时会发生弯折。在这个实验中，硬币反射回来的光必须穿过水、空气、玻璃，然后才会到达我们的眼睛。当光线经过多次弯折，不能到达我们的眼睛时，就会出现看不到硬币的现象。同样，放到水中的筷子也会因为光的折射，产生被水"折断"了的现象。

2. 个别指导：对未观察到实验现象的幼儿进行个别指导。

游戏延伸

尝试用其他材料做实验并进行观察记录。

多变的光　147

水凸透镜（集中活动）

活动目标

1. 感知水凸透镜可以放大物体的有趣现象。
2. 动手操作，用水自制凸透镜，并用符号、图画等方式进行记录。
3. 乐于与他人分享自己的发现与经验。

活动准备

1. 经验准备：使用过放大镜，知道放大镜镜片（凸透镜）的特点。
2. 物质准备：凸透镜图片、透明盒盖、滴管、透明瓶子、漏斗、杯子、水、报纸、画着箭号的小卡片、操作记录卡等。

活动过程

一、实验导入，激发幼儿兴趣

引导语：今天老师带来了什么？（出示一杯水和透明盒盖。）看，我把盖子放在报纸上，在盖子上滴了一滴水，发生了什么神奇的事情呢？谁来猜一猜？

二、初次操作，尝试用水做水滴凸透镜

1. 出示材料，激发幼儿操作兴趣。

引导语：老师为小朋友们准备了滴管、透明盒盖和报纸，请小朋友们自己去试一试，看看透过水滴看报纸会发生什么神奇的事，音乐响起时我们再来分享你们的发现。

2. 幼儿自由操作探索，教师巡回指导。

3. 幼儿结合自己的发现分享交流。

引导语：发生了什么神奇的事呀？是的，我们透过水滴看报纸，发现字变大了（图1），这是为什么呢？你们有没有发现水滴看起来很像什么呀？还记得凸透镜有什么特点吗?那水滴和凸透镜有哪些地方是一样的呢?

梳理小结:水滴的颜色、形状和作用与凸透镜一样。

4. 观看视频,了解水滴凸透镜的科学原理。

梳理小结:凸透镜的形状是中间厚,边缘薄。(图2)塑料盒盖上的水滴符合凸透镜的形状特征,也是中间比边缘厚,所以水滴也是凸透镜。凸透镜可以聚焦光线、放大图像。

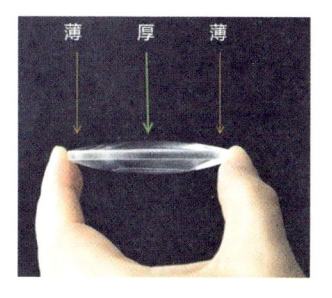

图1

图2

三、再次探索,尝试用水做水瓶凸透镜

1. 幼儿自由分组制作水瓶凸透镜。

引导语:小朋友们想不想再试一次?不过这次能不能用水和瓶子变出凸透镜,放大卡片上的图案呢?让我们一起试试吧!

2. 幼儿结合实物分享、交流自己的经验与发现。

引导语:水滴可以做水滴凸透镜,水和瓶子为什么也可以做凸透镜呢?它们都是什么颜色的呢?

3. 梳理小结:瓶子和水都是透明的,从侧面看过去是中间厚,边缘薄,符合凸透镜的形状特征,所以水瓶也是凸透镜。

四、第三次探索,了解水瓶凸透镜的其他秘密并记录

1. 引导语:有一位小朋友通过改变水瓶凸透镜的位置发现看到的图案居然还会左右颠倒。那到底什么距离时图像是正着放大,什么距离时是左右颠倒的?更远的距离时会不会有其他更神奇的效果?想不想试一试?这是操作记录卡,圆圈里面表示水瓶凸透镜,通过不断调整卡片与水瓶凸透镜的距离,你会有不同的发现。当你有发现的时候,直接在操作记录卡旁边贴上便利贴并记录

多变的光 149

下来。(图3)完成所有记录后请贴到前面的展板上，待会儿我们一起分享！

2. 幼儿自由操作并记录。

3. 幼儿结合记录表分享、交流自己的经验与发现。

4. 课件小结：当水瓶凸透镜与卡片间隔较近时，凸透镜成像是正着放大；当水瓶凸透镜与卡片间隔较远时，凸透镜成像是左右颠倒的，但仍然有放大的效果；当水瓶凸透镜与卡片间隔很远时，凸透镜成像是左右颠倒并且是缩小的。(图4)

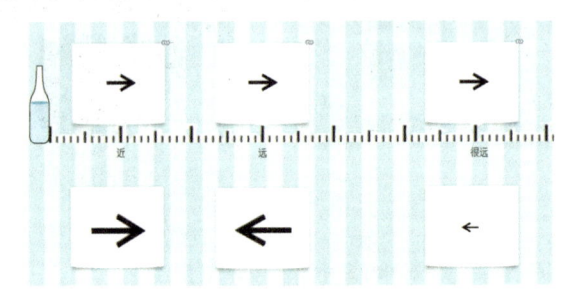

图3

图4

》活动延伸《

家园共育：和爸爸妈妈分享学到的关于凸透镜的本领；和爸爸妈妈一起找一找日常生活中还有哪些物品能当作凸透镜，并把发现分享给同伴。

细菌不见了（游戏活动）

》游戏目标《

1. 在实验探索中感知光的折射使图案在水中消失的现象。

2. 在游戏过程中喜欢动手动脑并养成勤洗手的好习惯。

游戏准备

1. 经验准备：对光的折射有一定的经验。
2. 物质准备：卡纸、油性马克笔、彩色笔、透明自封袋、大号容器、水等。

游戏玩法

1. 幼儿先在卡纸上画好各种颜色的细菌，装进透明自封袋里。（图1）在自封袋上画出自己手的轮廓。（图2）把自封袋放入水中，运用光的折射让细菌消失。（图3）

图1　　　　　　图2　　　　　　图3

2. 鼓励幼儿自创玩法，如在自封袋和卡纸上设计不同的图案，如警察和小偷、大树和果实、小猫钓鱼等，用水玩图案消失的游戏。（图4、图5）

图4　　　　　　图5

游戏指导

1. 重点指导：鼓励幼儿尝试运用不同的图案设计情节，观察图案消失的现

多变的光　151

象，不断提升游戏中的经验：自封袋里的彩色图案到达我们的眼睛，需要通过四种介质，分别是空气、塑料袋、水和空气。当在特定的角度下，光线无法到达我们的眼睛，我们就看不到画的图案了。教师在实验过程中要引导幼儿多找角度，因为从不同角度看到的结果是不一样的。

2. 个别指导：对操作有困难的幼儿进行个别指导，对太过激动影响他人的幼儿进行适当引导。

游戏延伸

将科学实验小游戏分享给爸爸妈妈，与爸爸妈妈一同查阅资料，更全面地了解光的折射。

3D 眼镜（亲子活动）

活动目标

1. 感知和体验通过用红蓝镜片做成的眼镜能看到立体图像的现象。
2. 在活动过程中喜欢猜想与动手探索。

活动准备

物质准备：红蓝眼镜片、眼镜框、3D图卡、双面胶和剪刀等。（图1）

活动小贴士

1. 与幼儿一起收集 3D 眼镜，引导幼儿发现 3D 眼镜的秘密，说一说：戴上 3D 眼镜看世界会看到什么现象？看 3D 图卡时呢？

图 1

2. 鼓励幼儿透过红色或蓝色玻璃纸看白色、红色、蓝色、绿色的物品，探索新发现。

3. 亲子合作，把红蓝眼镜片贴到眼镜框上，制作3D眼镜。（图2）说一说：分别用左、右眼单独观察周围事物，你看到了什么？两眼一同观察3D图卡，图卡上的物体会让你有什么感觉呢？

4. 把自制的3D眼镜带到幼儿园和同伴一起分享、探究。

图 2

灯光秀（游戏活动）

游戏目标

1. 通过观察，知道光透过有色透明物体会发生变色的现象。
2. 尝试重叠玻璃纸让光的颜色发生变化。
3. 体会到科学小游戏带来的乐趣。

游戏准备

1. 经验准备：有玩过手电筒的经历。
2. 物质准备：各色玻璃纸、各色PVC塑料片等材料若干，手电筒、胶水、剪刀等工具人手一份。
3. 环境创设：不透光的活动室、欢快的背景音乐。

游戏玩法

1. 幼儿先用手电筒探索透光材料，然后自主选择各色玻璃纸贴在透明的PVC塑料片或其他材料上进行创意装饰，也可以用重叠玻璃纸的方法变出更多的颜色，最后用手电筒照射自制的各种彩灯、彩色城堡等。（图1～图4）

多变的光 153

2. 幼儿利用各色PVC塑料片做成彩虹桥，把手电筒当成小船从桥下穿过。（图5）

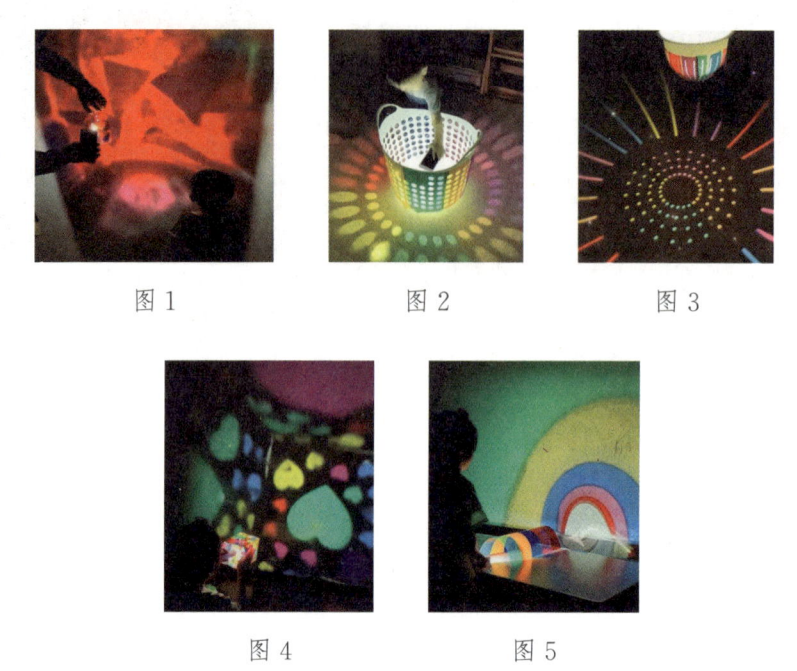

图1　　　　　　　图2　　　　　　　图3

图4　　　　　　　图5

3. 幼儿利用各种颜色的光，根据音乐节奏照亮舞台背景，就像上演一场绚烂多彩的灯光秀。

游戏指导

1. 重点指导：鼓励幼儿借助手电筒和玻璃纸，尝试运用不同的办法变出更多颜色的光，不断提升游戏中的经验：有色透明物体只能透过与它颜色相同的色光，无色透明物体能通过所有的色光，透明物体的颜色是由它能够透过的色光决定的。用蓝、绿、红三种色光，按不同比例混合还可以得出更多颜色的光。

2. 个别指导：对探索方法单一或游离于游戏之外的幼儿进行个别指导。

游戏延伸

1. 区域活动：在美工区继续制作灯光颜色丰富的作品，也可以加入棱镜进行创作。

2. 家园共育：与爸爸妈妈收集更多材料进行创作，再带到班级分享。

流动的空气

（林　浩　余依珊　庄秋萍　林艺琳）

空气无处不在，与我们的生活息息相关，但是空气又是看不见、摸不着的。生活中，幼儿经常会提出许多问题：为什么扇动扇子会感觉凉快？为什么使用打气筒会使气球变大？为什么妈妈炒菜的香味会传出来……殊不知，这些问题都是关于这位奇妙的朋友——空气。怎样将抽象的空气具体化呢？只有让幼儿真正感受到空气的存在，才有助于幼儿的理解与表达。于是，教师通过"流动的空气"系列活动，引导幼儿在实验中认识空气流动的现象，发现空气的奇妙和有趣，培养幼儿的观察与探究能力。

主题目标

★情感态度
1. 乐于探索空气的秘密，对生活中的科学感兴趣。
2. 在探究中愿意与他人合作、协商、交流自己的发现。
3. 能动手动脑积极寻找问题的答案。

★知识经验
1. 探索空气的存在，了解空气无处不在的特点。
2. 感知悬浮现象，知道物体的悬浮与空气流动有关。
3. 能尝试用不同的材料让空气流动起来形成风。

续表

主题目标

4. 知道风车的转动与风力有关。
5. 初步了解空气的反冲力。
6. 感知并体验空气与我们的生活紧密关联。

★综合能力

1. 能根据实验步骤自主进行操作探索。
2. 能大胆猜想与验证,在成人的帮助下能制订简单的计划并执行。
3. 能用数字、图画、图表或其他符号记录探究结果。

系列活动一览表

序号	活动名称	活动形式	科学原理点
1	找空气	集中活动	空气的存在
2	章鱼游啊游	游戏活动	空气的存在和占据空间
3	悬浮的小球	集中活动	空气的流动
4	吹风机悬浮球	亲子活动	空气的流动
5	纸杯飞行器	游戏活动	空气的流动
6	风力小汽车	集中活动	空气的流动
7	纸风车	游戏活动	空气的流动
8	会跳舞的小蛇	亲子活动	空气的流动
9	彩旗飘扬	集中活动	空气的流动
10	空气炮	游戏活动	空气的流动
11	飞奔的气球	集中活动	空气的反冲力
12	气球动力车	亲子活动	空气的反冲力

找空气（集中活动）

活动目标

1. 在操作中感知空气看不见、摸不着且会流动的特点。
2. 能运用多种感官感知空气的存在。
3. 在实验过程中喜欢猜想与动手探索，养成细致观察的习惯。

活动准备

1. 经验准备：有玩过塑料袋的经验，喜欢参与户外活动并能在大自然中感受到空气的流动。

2. 物质准备：塑料袋、气球、吸管、硬纸板、水、空气清新剂、醋、风油精等。

活动过程

一、玩游戏"亲亲小脸蛋"，初步感知空气的存在

1. 请幼儿闭上眼睛，教师迅速打开气球的气孔，对着幼儿的小脸蛋轻轻放气，引导幼儿体验气流吹在脸上的感觉。

引导语：你的脸上有什么感觉？猜一猜，是谁在亲你的小脸蛋儿？

2. 鼓励幼儿大胆发表自己的想法。

二、尝试用多种方法寻找空气，进一步感知空气的存在

1. 教师设疑激趣。

引导语：你知道空气在哪里吗？用什么办法可以证明它的存在？

2. 提供塑料袋、气球、吸管、硬纸板等材料，引导幼儿用不同的方法寻找空气。

3. 幼儿分享交流自己的方法与发现。

流动的空气

（1）用塑料袋找空气：将塑料带张开口，然后猛地扎紧，塑料袋鼓了起来。（图1）

（2）用气球找空气：给气球吹鼓起来，将气球对准脸蛋慢慢放气，会感到一阵风吹过。（图2）

（3）用吸管找空气：将吸管在空中吸一下，迅速插入水中，会产生气泡。（图3）

（4）用硬纸板找空气：对着硬纸板吹气，脸上会有一阵风吹过。（图4）

图1

图2

图3

图4

4. 梳理小结：原来空气就在我们身边，它虽然看不见、摸不着，但是它会流动。

三、玩嗅觉游戏，感受空气的流动

1. 引导幼儿玩闻一闻、猜一猜的游戏，进一步感受空气的流动。

教师在活动室里先后喷上空气清新剂（图5）、醋（图6）、风油精（图7），引导幼儿闻一闻、说一说：你闻到了什么气味？为什么隔这么远还能闻到？你最喜欢空气为我们带来哪些香味？

图 5 　　　　　　　图 6 　　　　　　　图 7

2. 鼓励幼儿大胆发表自己的想法，感知空气是流动的，能够为我们传播各种气味。

3. 引导幼儿回忆生活中难闻的气味，讨论出现难闻气味的原因，激发幼儿的环保意识。

引导语：在生活中你还闻到过哪些难闻的气味？出现难闻气味的原因是什么？怎样减少这些难闻的气味？

4. 梳理小结：空气的流动可以为我们传播各种气味，其中也会传播难闻的气味，如工厂烟囱冒出来的异味、油漆味、汽车尾气味……这是因为人们不注意保护环境，污染了空气。我们要爱护我们的环境。

活动延伸

1. 区域活动：幼儿到户外继续玩"抓空气"的游戏。
2. 家园共育：在生活中寻找保护环境、减少空气污染的办法。

章鱼游啊游（游戏活动）

游戏目标

1. 通过观察章鱼在水中的位置，感知空气的存在和能占据空间的特点。
2. 在游戏过程中喜欢动手动脑并愿意表达自己的想法和发现。

流动的空气　159

活动准备

物质准备：去底带盖的矿泉水瓶 1 个、吸管 1 根、塑料纸 2 个、橡皮筋 2 根、水等。（图 1）

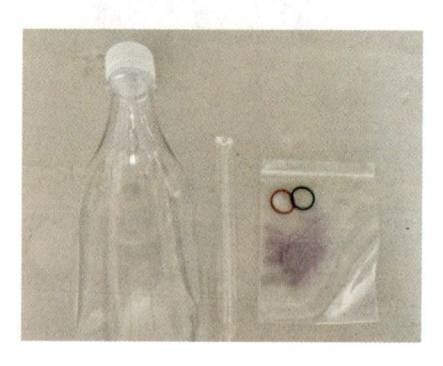

图 1

游戏玩法

1. 制作会游动的章鱼。

（1）把吸管的一端平放在塑料纸的中心，合拢塑料纸。（图 2）

（2）用一根橡皮筋套在塑料纸上，缠绕两到三圈，做成章鱼。（图 3）

（3）用嘴对着吸管的另一端吹气，让章鱼的头部鼓起来。

（4）抽出吸管。如果抽出吸管后，章鱼的头部瘪了，可以用吸管对着橡皮筋缠绕的地方再次吹气。（图 4）

图 2    图 3    图 4

2. 玩一玩会游动的章鱼。

（1）将章鱼放入水中，观察章鱼在水中的位置。

（2）将去底带盖的矿泉水瓶扣在章鱼上，竖直向下压入水中，观察章鱼的位置。（图5）

（3）慢慢拧松瓶盖，再次观察章鱼位置的变化。（图6）

图 5　　　　　　　　图 6

3. 探寻能使章鱼反复上下游动的方法。

游戏指导

1. 重点指导：鼓励幼儿细心观察章鱼的位置，感知空气的存在。使用去底带盖的矿泉水瓶将章鱼向下按压至水底时，瓶子要竖直向下，不能倾斜，以免瓶内空气逸出。慢慢松开瓶盖，空气缓缓流出，章鱼就慢慢地从水底游到水面上。

2. 个别指导：用一根橡皮筋套在塑料纸上时，要缠绕两到三圈让章鱼头部有空间储存空气。

游戏延伸

将章鱼换成其他充气玩具，继续开展游戏。

悬浮的小球（集中活动）

活动目标

1. 初步感知小球悬浮与空气流动的关系。
2. 探索小球与小方块能否悬浮。
3. 体验小球悬浮的游戏乐趣。

活动准备

1. 经验准备：知道空气的基本特性，知道空气流动形成风，了解空气有力量。
2. 物质准备：泡沫小球、小方块、漏斗、吸管、扇子、纸芯筒、电风扇等。
3. 环境创设：先用东西遮挡住魔术箱，在揭秘环节再打开。

活动过程

一、魔术导入，引发猜想

1. 教师播放魔术视频，引导幼儿探索怎样让小球悬浮起来。（图1）

引导语：视频里的乒乓球出现了什么神奇的现象？

2. 分享交流：小球为什么会飘在空中呢？

3. 梳理小结：像小球这样飘在空中，不掉落，有一个好听的名字叫悬浮。

图1

二、动手操作，探究小球能否在空中悬浮

1. 尝试探索利用空气流动让小球在空中悬浮。

幼儿自选材料：小球、杯子、漏斗、纸芯筒、吸管、扇子、电风扇。（图2）

图 2

引导语：老师准备了这些材料，请你试一试哪些材料能让小球悬浮起来。

注意事项：提醒幼儿用嘴巴吹时要注意卫生。一次性吸管是消过毒的，可直接用嘴巴吹，其他材料没有经过消毒，不能放嘴里。

出示记录表（图 3），提醒幼儿将结果记录在记录卡上：如果对着小球向前吹会怎样？如果对着小球向上吹会怎样？你能利用气流让小球悬浮起来吗？

材料	我的发现

图 3

2. 结合记录表，交流分享：你是怎么让小球悬浮起来的？

流动的空气　163

3. 结合视频梳理小结。

（1）当我们向吸管里吹气时，吹出的空气从小球的底侧流过，正好承托了小球的重量，使小球能够在空中悬浮。（图4）

（2）气流的大小和保持时间会影响小球悬浮的高度和时长。如果想要小球悬浮得更高一些，时间更久一些，就要控制好气流。

（3）漏斗在这里的作用只是帮助小球不掉下来。（图5）

（4）电风扇在纸芯筒的帮助下，能让气流更均匀地往上吹，使小球悬浮。（图6）

图4　　　　　　　　图5　　　　　　　　图6

三、再次操作，探索其他物体能否在空中悬浮

1. 尝试探索利用空气流动让其他物体在空中悬浮。

增加材料：大泡沫球、乒乓球、小方块、海洋球等。（图7）

图7

引导语：这一次新增加了大泡沫球、乒乓球、小方块、海洋球。请小朋友继续探索，猜猜这些物体能在空中悬浮吗？把你的猜想记录在记录表（图8）上的"我的猜想"栏里。然后再动手操作实验，对比一下实验结果是否与你猜想的一样。

材料	❓ 我的猜想	✋ 我的发现

图 8

2. 结合记录表，鼓励幼儿大胆对比实验结果。

（1）出示记录表，集体对比幼儿的实验结果。

引导语：从记录表可以看到，有的小朋友的猜想和操作结果是一样的，有的小朋友是不一样的。谁来分享一下你的发现？

（2）出示记录表，集体对比小方块能否悬浮。

引导语：大泡沫球、海洋球、乒乓球都能悬浮，只有小方块悬浮不起来，为什么？

3. 结合视频梳理小结：球类表面受力均匀，能够悬浮，而小方块表面受力不均匀，容易出现偏离，因此不能悬浮。（图9）

图 9

流动的空气

四、魔术揭秘，引发幼儿持续探究的兴趣

1. 教师揭晓开场魔术。

引导语：我们已经了解了悬浮的原理，现在让我们一起来揭晓开场魔术吧！看，在电吹风的帮助下，乒乓球跳起舞啦！（图10）

图 10

2. 梳理小结：强大的风力能让球悬浮得更高更久。

活动延伸

区域活动：幼儿猜想还有哪些球状的物体可以通过今天学习的方法悬浮起来，在验证自己的猜想后，和同伴交流自己的经验、感受和发现。

吹风机悬浮球（亲子活动）

活动目标

1. 能够在家长的帮助下控制吹风机，让小球在吹风机上方保持悬浮。
2. 积极探索生活中能悬浮的物体，发现身边的科学。

活动准备

物质准备：电吹风、乒乓球、海洋球、泡沫球等材料。家长与幼儿共同收集

生活中能悬浮的物体。

活动小贴士

1. 家长协助幼儿将吹风机头朝上，打开吹风机，将乒乓球放到风口上，然后松开手，这时候就可以看到乒乓球悬浮在空中。（图1）

2. 尝试左右慢慢倾斜吹风机，看看随着吹风机的倾斜，小球会不会掉下来，说一说自己的发现。（图2）

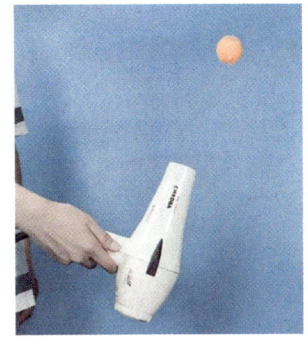

图1　　　　　　　　　　　图2

3. 鼓励幼儿和爸爸妈妈一起收集泡沫球、海洋球等材料，尝试能否悬浮在空中。

纸杯飞行器（游戏活动）

游戏目标

1. 尝试制作纸杯飞行器，感受纸杯在气流的作用下旋转飞行的现象。
2. 在科学实验过程中遇到问题时，能够积极动脑寻找解决方法。

流动的空气

游戏准备

物质准备：一次性纸杯、剪刀、胶带、橡皮筋、实验步骤图。

游戏玩法

1. 制作纸杯飞行器。

将两个一次性纸杯的底部靠在一起，用胶带固定。（图1）四条橡皮筋串联在一起，作为飞行器的助力工具。

图1

2. 发射纸杯飞行器。（图2）

（1）左手拇指按住橡皮筋头，对杯子进行逆时针旋绕。

（2）第二圈时将橡皮筋压在拇指下方的橡皮筋头上，之后释放左手再缠绕三到四圈。

（3）缠绕之后，翻转纸杯飞行器。

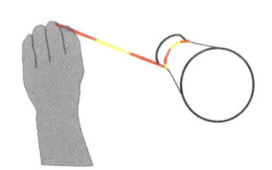

（4）最后将姿势调整到上图状态，将橡皮筋向后拉伸蓄力，然后突然松开控制发射器的手，完成发射。

图2

3. 总结游戏经验。说一说要让飞行器飞得更远，应怎样缠绕皮筋、控制方向和力度。

游戏指导

1. 重点指导：引导幼儿在缠绕橡皮筋的时候要将橡皮筋拉直，让橡皮筋紧紧缠绕住纸杯，增加飞行器发射的动力。

2. 个别指导：对串连皮筋有困难的幼儿进行个别指导。

游戏延伸

区域活动：提供不同材质的杯子、不同长度和粗细的皮筋等，引导幼儿继续制作杯子飞行器，探索实验材料与杯子飞行器飞行速度之间的关系。

风力小汽车（集中活动）

活动目标

1. 知道风力小汽车是在气流的推动下动起来的。
2. 尝试探索让小汽车跑得又快又远的方法。
3. 喜欢动手探究，体验竞赛的乐趣。

活动准备

1. 经验准备：感知到空气的存在，知道空气流动产生风。
2. 物质准备：小汽车、纸、木片、羽毛、吸管、打气筒、扇子、记录表、笔等。（图1）
3. 环境创设：布置有绿色起跑线、红色终点线的小汽车比赛场地。（图2）

图1　　　　图2

流动的空气

活动过程

一、提出问题，引发猜想

1. 引导语：如何在不触碰小车的情况下让小车动起来？
2. 鼓励幼儿大胆发表自己的想法。
3. 梳理小结：用嘴巴吹气或者用手扇动，可以产生风，也可以借助其他工具制造风，从而在不触碰小车的情况下让小车动起来。

二、初次探究，探索并记录让小车动起来的方法

1. 教师提出操作要求，激发幼儿探究欲望。

引导语：老师在每组分发了材料和记录表（图3），请小朋友们分别试试记录表上面的材料能不能让小车动起来，并将结果记录在"发现"栏里。如果不使用老师提供的材料，也可以将自己的方法和结果记录在底下的空白格。操作结束后，请将记录表粘贴到展板上，和大家一起分享实验结果。

材　料	发　现

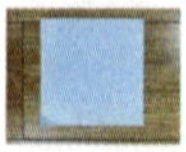	

图 3

2. 幼儿分组操作，教师巡视个别指导。（图4～图9）

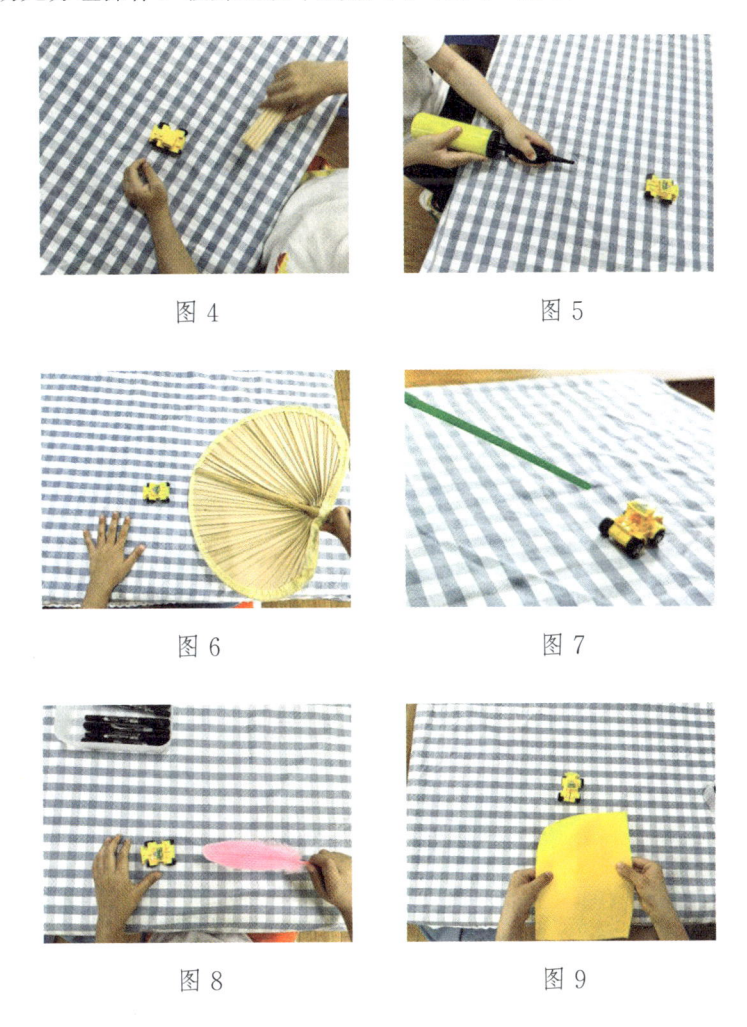

图4　　　　　　　　　图5

图6　　　　　　　　　图7

图8　　　　　　　　　图9

3. 结合记录表，集中分享探究结果。

4. 梳理小结：通过吸管、打气筒吹气，或用扇子、纸张扇风，都能产生气流，也就是风。如果风力够大，就能推动小汽车动起来。如果风力小，小汽车就动不起来或者仅轻微移动。

三、再次探究，深入探索让小车走得又快又远的方法

1. 师幼共同选择容易让小汽车动起来的方法。

引导语：你尝试的方法中哪种方法更容易让小车动起来呢？什么材料能让小车跑得更快？

流动的空气　171

2. 师幼共同制订比赛规则：两个小朋友一组，选择同种材料和方法，同时从绿色起跑线出发，先到达红色终点线的为胜利者。胜利的小朋友能得到贴纸奖励。可进行多轮比赛。（图10～图12）

图10　　　　　　　图11　　　　　　　图12

3. 幼儿分组比赛，深入探究让小车跑得又快又远的方法。

4. 幼儿分享交流自己赢得比赛的方法。

5. 小结提升：刚才小朋友们分享了很多小技巧。原来要让小车跑得又快又远有以下几个好办法：可以顺着小车运动的方向快速、用力地吹气或扇动，而且不能停下来，让空气流动加快，风速变大，小汽车跑得越快。（图14）

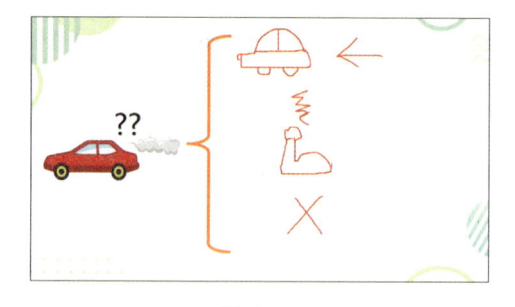

图14

四、联系生活，巩固提升

1. 引导语：今天我们用巧妙的方法让空气流动起来，制造了风来推动小车。生活中还有什么物体是在风的推动下动起来的呢？

2. 观看视频，了解生活中风的作用。

3. 梳理小结：风可以转动风车，让风筝飞起来；风还可以吹干我们的衣服；帆船是在风的推力下前进的；风能够帮助植物传播花粉孕育下一代；风可以用来发电，节约资源……

活动延伸

1. 区域活动：在小汽车里放上积木或毛绒玩具等物品，用各种方法试一试还能否让小汽车动起来。

2. 家园共育：幼儿和家长在家里探索扇子的风能做哪些事情，比如可以将纸盒里的碎纸屑吹出来等。

纸风车（游戏活动）

游戏目标

1. 动手制作纸风车，提升动手操作能力。
2. 玩转纸风车，初步感知风车转动的原理。

游戏准备

1. 经验准备：有玩过风车的经验。
2. 物质准备：四叶风车纸、插有珍珠钉的铅笔、彩线、剪刀、胶棒、操作说明书。

游戏玩法

1. 制作纸风车。

幼儿按照步骤图（图1）制作纸风车：先剪开四叶风车纸的四个角，依次折向纸的中心点，并利用胶水、珍珠钉固定在铅笔上。

2. 玩转纸风车。

幼儿自由玩转纸风车，并尝试跑着玩、吹着玩等不同的玩法。教师提醒幼儿要注意安全，引导幼儿在玩的过程中思考：怎样才可以使自己手中的风车转动得更快？

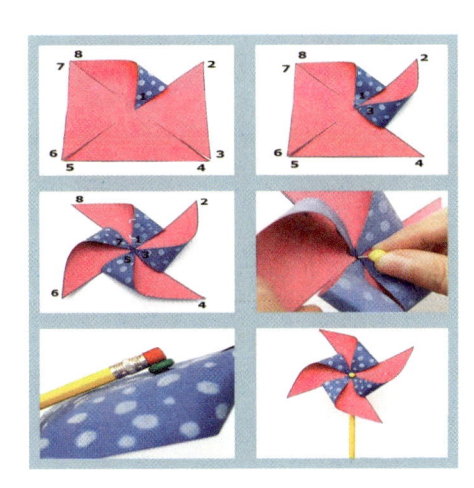

图1

流动的空气 173

游戏指导

1. 重点指导：引导幼儿了解风车的结构，知道纸风车的转动与风力有关。引导幼儿了解风速是影响风车转动速度的主要因素。风越大，风车转动得越快。风车转动的速度还与风车的制作材料，叶片的大小、角度、数量、形状，以及风向等因素有关。

2. 个别指导：对风车制作有困难的幼儿进行个别指导。

游戏延伸

1. 区域活动：幼儿继续制作与探索不同样式的纸风车。（图2～图4）

图2 　　　　　　　　图3 　　　　　　　　图4

2. 家园共育：寻找生活中的风车，了解这些风车的作用，体会风力给我们的生活带来的便利。

会跳舞的小蛇（亲子活动）

活动目标

1. 制作小蛇，并使用蜡烛探索让小蛇"跳舞"的方法。

2. 观察小蛇转动的过程，感知热空气上升产生的空气循环流动现象。

活动准备

物质准备：纸、剪刀、蜡烛、铁丝、橡皮泥、笔等。

活动小贴士

1. 幼儿和家长一起收集实验材料，在纸上画一条盘着的小蛇，再用剪刀剪下来。用橡皮泥将铁丝的底部固定在桌面上，再将小蛇平稳地放在铁丝上。将点燃的蜡烛放在小蛇底下，注意保持距离，防止点燃小蛇。（图1、图2）

图1 　　　　　　　　　图2

2. 当蜡烛火焰产生的热气流遇到螺旋状的小蛇时，就会推动小蛇旋转起来！家长可以引导幼儿观察小蛇转动的方向及速度。

3. 幼儿和家长尝试制作更多不同材质与不同款式的小蛇，试试看哪种小蛇"跳舞"的速度最快。

4. 鼓励幼儿与同伴分享实验结果。

彩旗飘扬（集中活动）

活动目标

1. 感知空气透过塑料量杯小孔使彩旗飘起来的现象。

流动的空气　175

2. 发现彩旗与塑料量杯之间的距离会影响彩旗的飘动。

3. 能够大胆猜想和细心观察实验结果，提高使用记录表的能力。

活动准备

1. 经验准备：知道风有力量。

2. 物质准备：塑料量杯（杯底有孔）、气球、小彩旗、吸管、橡皮泥、卷尺、双面胶、剪刀等。（图1）

图1

活动过程

一、提出问题，引发猜想

1. 引导语：为什么吸管旗杆上的小彩旗会飘起来呢？

2. 梳理小结：因为有风吹过小彩旗，所以小彩旗飘起来了。

二、动手操作，感知彩旗飘起来的现象

1. 引导语：今天老师还准备了一个塑料量杯，量杯上有什么特别的地方？（杯底有孔。）如果借助量杯和气球，你能让小彩旗飘起来吗？

2. 教师出示实验材料，示范操作步骤。

（1）首先用双面胶把小彩旗固定在吸管上，然后把小旗插到橡皮泥上，接着剪掉气球口，用余下的气球套住量杯的开口。（图2～图7）

图2 　　　　　　图3 　　　　　　图4

图 5 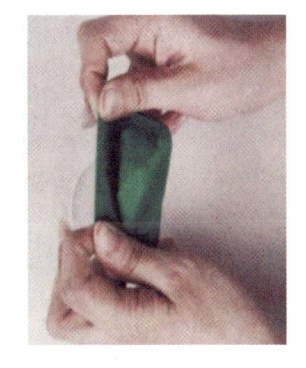　　　　　　　　图 6 　　　　　　　　图 7

（2）随后把量杯底部的孔对准小彩旗，用手提拉气球并松开，看看小彩旗是否飘起来了。（图 8）

图 8

3. 幼儿分组实验，教师巡回指导，提醒幼儿：在套气球的时候要先用气球勾住塑料量杯的一个边缘，再用力拉伸气球使之套到杯子的另一边；要将量杯底部的小孔对准彩旗。

4. 幼儿分享自己的实验结果。

5. 梳理小结：提拉并放松气球的时候，产生的强大气流通过量杯底的小孔冲出去，使小彩旗飘起来。

三、再次操作，发现影响彩旗飘动的秘密

1. 引导语：气球量杯的力量这么大，是不是不管小彩旗离它有多远，都能被它吹动呢？

2. 教师引导幼儿到班级百宝箱中自主选择卷尺、带子、木棒等测量材料，再次进行实验，将每次测得的量杯与小彩旗的距离用自己喜欢的方式记录下来。

流动的空气　177

记录表（图 9）的左边是用来记录幼儿设想的"距离"，右边记录的是在这个距离处拉动气球能否让小彩旗飘动起来。幼儿每做一次实验，就把量杯和彩旗之间的距离以及能否让小彩旗飘动，用自己喜欢的方式记录在表格里。

3. 交流与分享。

（1）自由交流：完成实验的幼儿可以互相说一说自己的实验结果。

图 9

（2）集体交流：能让小彩旗飘起来的最远距离是多少？你们的结果一样吗？

4. 梳理小结：气球量杯与小彩旗之间的距离会影响小彩旗的飘动。距离越近，小彩旗就越能飘起来；距离太远，小彩旗就飘不起来了。

活动延伸

区域活动：（1）幼儿尝试将小彩旗换成其他物品，比如粗吸管、铅笔或者蜡烛等，观察气球量杯是否还能把它们吹倒或吹灭；（图 10）（2）幼儿思考气球量杯产生的力量大小还可能和什么因素有关。（比如量杯底部孔的大小、气球的提拉程度、松手的快慢、对准与否等。）

图 10

空气炮（游戏活动）

游戏目标

1. 尝试制作、使用空气炮让杯子动起来。
2. 通过实验，探索空气炮威力与空气炮和小塑料杯的距离、气孔大小之间的关系。

游戏准备

1. 经验准备：有制作气球量杯使小彩旗飘动的经验。
2. 物质准备：大塑料杯、气球、小塑料杯、小木片（图1）、记录表等。

图1

游戏玩法

1. 幼儿回顾已有的经验，将气球套在大塑料杯上，将杯底对准小塑料杯，手指拉动气球尾部然后迅速放开，观察空气炮放在多远的距离能推动小塑料杯（图2~图4），并做记录（图5），探索空气炮威力与空气炮和小塑料杯的距离、气孔大小之间的关系。

流动的空气

图2 　　　　　　　　　图3 　　　　　　　　　图4

●小孔		●大孔	
距离	结果	距离	结果

图5

2. 可以尝试摆放一排小塑料杯，让空气炮推动杯子，感受空气炮的威力。

游戏指导

1. 重点指导：引导幼儿尝试使用空气炮让杯子动起来，并通过实验探索空气炮威力与空气炮和杯子的距离、气孔大小之间的关系，引导幼儿了解空气炮的原理。

2. 个别指导：对把气球套在塑料杯开口有困难的幼儿进行个别指导。

游戏延伸

区域活动：在科学区投放各种大小的杯子及气球，让幼儿探索影响空气炮威力的因素。

飞奔的气球（集中活动）

活动目标

1. 感知气球在反冲力作用下飞奔的有趣现象，初步了解反冲力的作用。
2. 通过改变绳子的方向和长度来改变气球飞奔的方向和距离。
3. 能与同伴合作游戏，知道合作时应倾听别人的意见，共同协商解决问题。

活动准备

1. 经验准备：对空气动力有所感知。
2. 物质准备：气球2个、吸管1段、彩线1段、夹子1个、双面胶若干（图1）、剪刀、打气筒、气球、实验说明书等。

图1

活动过程

一、气球导入，激发幼儿兴趣

引导语：小朋友们，这是什么？（气球。）为什么它的肚子圆鼓鼓的？如果手松开，它会怎么样？（在地上转圈跑。）

流动的空气　181

二、动手操作，体验气球飞奔的现象

1. 提出问题：如果你想让气球沿着一个方向跑，有什么好办法？
2. 出示实验材料，师幼共同了解实验步骤。

引导语：今天老师带来了我们生活中常见的吸管、彩线、夹子等，我们一起让小球往前飞奔吧！

了解实验步骤：把气球吹大或用打气筒打气（不要太满），然后用夹子夹紧气球口；剪下一段双面胶，粘贴在吸管上，然后将彩线穿过吸管，把气球粘在吸管上；幼儿两两合作，两人分别拉住彩线的两端，并将彩线拉直。（图2～图4）

图 2 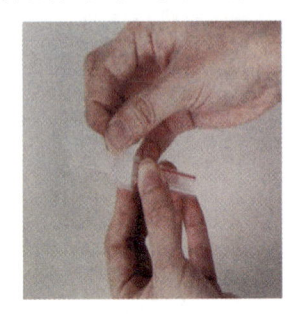　　　　　　　图 3 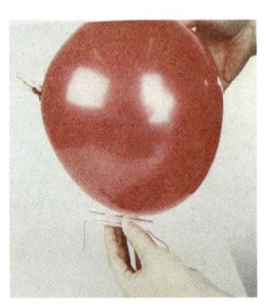　　　　　　　图 4

3. 幼儿两人一组进行实验，教师重点指导幼儿将彩线拉直后再松开气球口，观察气球飞奔的方向。（图5）

图 5

4. 集中分享，体验小组合作的乐趣。教师引导幼儿思考：气球喷气的方向与前进的方向一样吗？
5. 梳理小结：气球喷气的方向与前进的方向总是相反的，气球里面的气体喷出时，会产生一个与喷出方向相反的推力，叫作反冲力。在反冲力的作用下，气球就往前飞奔了。

三、继续探索，尝试改变气球飞奔的方向、距离

1. 提出问题：如果你想让气球往上或往下飞奔，应该怎样做？
2. 鼓励幼儿进行猜想，并尝试通过改变彩绳的方向来改变气球的飞奔方向。
3. 提出问题：如果想让气球跑得更远可以怎么做？引导幼儿尝试通过增加彩线的长度来使气球跑得更远。
4. 梳理小结：彩绳的方向、长度不一样，气球飞奔的方向和距离也不一样。

四、游戏畅想，活动结束

引导语：等一会儿我们一起将材料带到操场上，比一比，看看哪一组气球飞奔得更远！

活动延伸

家园共育：幼儿回家后和爸爸妈妈一起实验，尝试把气球拴在一根横着的绳子上，用吹风机的冷风在下面吹气球，观察会出现什么现象。

气球动力车（亲子活动）

活动目标

1. 制作气球车，并让气球车飞奔起来。
2. 感受制作玩具的乐趣，积极动手动脑解决问题。

活动准备

物质准备：车轮、车轴、粗吸管（1根长，2根短）、纸板、双面胶、气球、线、夹子等。

活动小贴士

1. 幼儿和爸爸妈妈一起用吸管、车轮和车轴组装气球车的底盘，并将气球

流动的空气

套在吸管上。幼儿观察松开夹子后气球车能跑多远。(图1、图2)

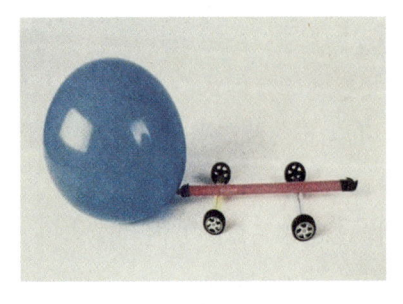

图1

图2

2. 根据气球车反冲作用的原理,爸爸妈妈可以引导幼儿延伸经验,讨论火箭是怎么飞上天的。

3. 查阅相关资料,了解除了火箭外还有哪些物体也是利用反冲作用的原理工作的。

超级魔术师

（张素治　叶阿娇　苏文凤）

　　一切事物都处在变化之中，事物的变化总能引起幼儿的好奇心，如纸条的变化、液体的变化、食物的变化、气体的变化……大班幼儿对这些生活中神奇的变化感兴趣，但又缺少相关的知识经验，教师可以设计一系列探究活动，引导幼儿通过直接感知、亲身体验和实际操作进行科学学习，探索常见物质、材料的特性，在探究中思考，尝试进行简单的推理和分析，发展科学探究能力。

主题目标

★情感态度

1. 愿意与同伴合作，大胆进行实验操作与科学探索活动。
2. 乐于表达，喜欢与同伴分享自己发现的事物变化的秘密。

★知识经验

1. 探索发现pH试纸遇酸性液体变红色、遇碱性液体变蓝色的现象。
2. 感知面团发酵的神奇现象，初步知道酵母与发酵的关系。
3. 了解洗洁精、油与水混合时现象不同的原因。
4. 感知酸与小苏打混合在一起会产生气体的现象。
5. 知道油与水不能相互溶解，油水混合后会产生明显分层。
6. 了解泡腾片放入水中后溶于水并产生气体的现象。

续表

主题目标

★综合能力

1. 主动探究事物变化的过程,尝试用自己擅长的方式记录。
2. 能用线条、色彩、图形等表达对事物变化过程的理解。
3. 能大胆猜想实验结果,并通过观察、比较的方法验证猜想。

系列活动一览表			
序号	活动名称	活动形式	科学原理点
1	纸条会变色	集中活动	物质的化学反应
2	纸条百变色	游戏活动	物质的化学反应
3	神奇的酵母	集中活动	物质的化学反应
4	自制环保酵素	游戏活动	物质的化学反应
5	多变的液体	集中活动	液体的分散
6	谁住得最高	游戏活动	液体的分散
7	神奇彩色泡泡龙	游戏活动	化学反应产生气体
8	自动前进的瓶	集中活动	化学反应产生气体
9	火山爆发	游戏活动	化学反应产生气体

纸条会变色（集中活动）

活动目标

1. 了解 pH 试纸遇酸性液体变红色、遇碱性液体变蓝色的特性。
2. 能利用 pH 试纸简单地区分酸性物质和碱性物质。
3. 对实验研究感兴趣，喜欢自己动手操作。

活动准备

1. 经验准备：有关于吸水游戏的经验。
2. 物质准备：pH 试纸、白醋、小苏打、牛奶、可乐、橙汁、绿茶、培养皿、滴管、颜色对比卡等。

活动过程

一、闻一闻、猜一猜，激发幼儿学习兴趣

1. 出示事先配好的白醋和小苏打溶液：这里有两杯液体，请小朋友们仔细看一看、闻一闻，说一说是什么颜色，有什么味道，猜一猜分别是什么液体。
2. 梳理小结：这两杯水一杯是白醋，另一杯是苏打水。

二、对比实验，了解 pH 试纸遇酸性液体变红色、遇碱性液体变蓝色的特性

（一）第一次操作，初步了解 pH 试纸遇酸变红色、遇碱变蓝色的特性

1. 出示 pH 试纸：有一种神奇的纸条叫 pH 试纸，它遇到不同的液体会变成不同的颜色。猜一猜它遇到白醋和苏打水会变成什么颜色？
2. 幼儿分组操作，教师巡回指导。

重点指导幼儿用滴管吸取白醋和小苏打溶液，滴一滴在 pH 试纸上，观察并记录试纸颜色的变化。（图 1）

超级魔术师

图 1

3. 集中分享，交流实验结果。

4. 梳理小结：pH 试纸遇到白醋这样的酸性液体会变成红色，遇到苏打水这样的碱性液体会变蓝色。

（二）第二次操作，探索 pH 试纸遇酸碱混合溶液后的颜色变化

1. 幼儿把白醋和小苏打溶液混合在一起，然后取一滴混合溶液滴在 pH 试纸上，观察试纸的颜色变化。

2. 集中分享，交流实验结果。

3. 梳理小结：白醋和苏打水混合后，混合溶液不再具有酸性或碱性了，所以 pH 试纸上的颜色就不会发生明显的变化了。

三、拓展实验，利用 pH 试纸简单地区分酸性物质和碱性物质

1. 引导语：老师将牛奶、可乐、橙汁、绿茶、培养皿、滴管、pH 试纸等材料放在后面的桌子上，请小朋友把它们分别倒入培养皿中，加入适量的水并搅拌均匀。用滴管吸取一滴到 pH 试纸上，观察并记录试纸颜色的变化（记录表见表1）。

表 1　pH 试纸实验记录表

材料	猜想	结果
牛奶		
可乐		
橙汁		
绿茶		

2. 幼儿分组操作，教师巡回指导。

重点指导幼儿使用刚才的实验方法检测牛奶、可乐、果汁、绿茶的酸碱性，观察并记录试纸颜色的变化。

3. 集中分享，交流实验结果。

4. 梳理小结：pH 试纸遇到可乐、果汁变红色，说明可乐、果汁属于酸性液体；pH 试纸遇到牛奶、绿茶变蓝色，所以牛奶、绿茶是碱性液体。颜色对比卡还能告诉我们食物的酸碱度。

活动延伸

1. 区域活动：将材料投放到科学区，让幼儿继续探索。
2. 家园共育：回家与爸爸妈妈一起探索家里其他液体的酸碱性。

纸条百变色（游戏活动）

游戏目标

1. 能运用 pH 试纸检测生活中不同液体的酸碱度。
2. 对实验探究感兴趣，喜欢自己动手操作。

游戏准备

1. 经验准备：对使用 pH 试纸检测液体的酸碱性有一定的操作经验。
2. 物质准备：颜色对比卡、圆形液体容器、白醋、小苏打、茶水等。

游戏玩法

1. 幼儿自选两种液体，倒入圆形液体容器中。
2. 幼儿利用 pH 试纸进行酸碱检测，根据 pH 试纸的颜色对比卡判断不同液体的酸碱性。
3. 鼓励幼儿自创玩法，如在液体中加入不同量的水稀释，或者利用液体互相混合等方式，进一步探索用 pH 试纸检测酸碱性。

游戏指导

1. 重点指导：鼓励幼儿借助 pH 试纸和颜色对比卡，检测不同液体的 pH 是酸性的还是碱性的，不断提升游戏的经验，如在小苏打中不断加入白开水，或把白醋和小苏打混合在一起，检测酸碱性变化。

2. 个别指导：对用 pH 试纸检测酸碱性有困难的幼儿进行个别指导。

游戏延伸

提供不同种类的饮品，让幼儿知道日常生活中更多饮品的酸碱性。

神奇的酵母（集中活动）

活动目标

1. 发现面团发酵的神奇现象，初步了解酵母的作用。
2. 探索酵母吹气球的秘密。
3. 对科学活动及生活中的科学现象产生兴趣。

活动准备

1. 经验准备：生活坊和面体验。
2. 物质准备：面粉、量杯、搅拌棒、糖、酵母、温水、矿泉水瓶、气球、记录单、记录笔等。

活动过程

一、出示视频，激发幼儿兴趣

1. 引导语：小朋友们，今天老师带来了一段视频，我们一起来看看视频里都有谁，他们在做什么？

2. 梳理小结：这是今天早上我们班小朋友在分组和面，每组各两碗，一碗只有面粉，另一碗有面粉和咖啡色的粉末——酵母。小朋友发现在揉压加酵母的面团时会发出气体挤出的"噗噗"声，最后每组的小朋友还在两碗面团上各做了标记。

二、出示放置了一上午的面团，发现面团发酵的神奇现象，初步感知酵母与发酵的关系

1. 引导语：现在老师把大家早上和好并做了标记的面团放置在后面的桌子上，请小朋友们去看一看、摸一摸，动手把面团分开，看看面团里有什么秘密。

2. 幼儿分组操作、交流、分享，教师观察指导，重点指导幼儿交流其发现的面团秘密。

3. 集中交流分享：和好的两碗面团有什么变化？你还发现了什么秘密？面团里的气泡是从哪里来的呢？（图1、图2）

图1   图2

4. 梳理小结：放置了一上午的面团变大了，分开面团，可以发现里面有很多气泡，正是这些气泡使面团鼓起来，而这些气泡是酵母发酵产生的。

三、分组操作，探索酵母吹气球的秘密

1. 引导语：如果把酵母放进糖水里会发生什么神奇的现象呢？老师给小朋友们准备了材料，请小朋友两人一组，一起操作。首先请小朋友用量杯舀半杯水，把糖、酵母倒入量杯里，用小木棒搅拌，再借助漏斗倒入塑料瓶里，最后套上气球，观察气球与塑料瓶里液体的变化，并把观察到的结果记录下来。

2. 介绍材料与要求。

（1）材料：塑料小量杯1个，糖、酵母各1袋，搅拌棒1根，塑料瓶、漏斗、气球各1个，记录表，50 ℃的温水，抹布。（图3）

超级魔术师 **191**

图 3

（2）操作要求：注意安全，不把水溅到桌子或地板上，如果不小心溅出，要及时擦干。

3. 幼儿分组操作、记录，教师观察指导，重点观察指导幼儿分组操作和观察记录的情况，提醒幼儿及时将观察结果记录下来（记录表见图4）。

图 4

4. 集中交流分享：你是如何操作的？你观察到了什么？
5. 梳理小结：酵母与糖混合后产生了气体，使气球变大了。

四、延伸生活，了解生活中酵母的应用

1. 引导语：在生活中，酵母除了能让面食口感更好外，它还有什么本领呢？
2. 幼儿交流分享。
3. 梳理小结：酵母不仅能让制作的面食口感更好，还可以用来酿酒、制药、制作饲料、保护环境等。

活动延伸

1. 区域活动：将材料投放到科学区，尝试对比实验，如对比在温水与冷水中酵母产生气体的速度以及在无糖与有糖的情况下塑料瓶中的变化。

2. 家园共育：与爸爸妈妈继续调查酵母在生活中的应用。

自制环保酵素（游戏活动）

游戏目标

1. 能利用各种果皮、蔬菜以及红糖自制环保酵素。
2. 在实验过程中喜欢动手动脑并愿意表达自己的想法和发现。

游戏准备

1. 经验准备：知道酵素具有保护环境和清洁的作用。
2. 物质准备：水、果皮、蔬菜、红糖、密封罐、量杯等。

游戏玩法

1. 制作果皮酵素。

（1）尝试制作果皮酵素。

第一步：了解制作比例，即一份红糖，三份果皮，十份水。（图1）

第二步：按比例倒入红糖。

第三步：按比例倒入果皮。果皮处理得越碎，发酵的效果越好。

第四步：按比例倒入水，并搅拌均匀。

第五步：盖上盖子，贴好时间标签。环保酵素完成制作的时间需三个月。

10份自来水

3份厨余（蔬菜/水果皮）

1份红糖

图1

（2）了解制作酵素的注意事项。

第一个月：每天都要打开盖子，释放发酵产生的气体。

第二个月：要用塑料布密封罐口，放在阴凉的地方，直至三个月期满。

发酵好的酵素，应为棕色带有淡淡橘子香味。如果变黑变臭，意味着制作失败，不过可以再加入一份红糖，重新发酵三个月即可。

2. 用同样的方法制作蔬菜酵素和果蔬混合酵素。

游戏指导

1. 重点指导：建议幼儿使用量杯量取等量的液体倒入密封罐中。
2. 个别指导：对制作酵素有困难或游离于活动之外的幼儿进行个别指导。

游戏延伸

1. 将酵素放置在班级植物角便于长期观察。
2. 利用酵素浇花、浇菜：每 1 瓶盖的酵素加入 1.5 升的水稀释后施用，可肥沃土壤，活化树木、花、草等。

多变的液体（集中活动）

活动目标

1. 能大胆猜想实验结果，并通过观察、比较的方法验证猜想。
2. 初步了解洗洁精、油与水混合时现象不同的原因。
3. 喜欢与同伴交流液体混合后的秘密。

活动准备

1. 经验准备：知道一些物质是溶于水的，比如盐、糖、味精等；知道一些物质是不溶于水的，比如石头等。
2. 物质准备：塑料瓶、植物油、洗洁精、温水、盐、糖、味精、记录表、水彩笔等。

> **活动过程**

一、提出问题，引发猜想

1. 引导语：今天老师带来了一些材料，有盐、糖、味精。请你们小组合作，将这些材料分别加入装有水的瓶子并摇晃，看看会有什么新的发现。

2. 鼓励幼儿大胆发表自己的想法。

3. 梳理小结：盐、糖、味精都能溶解在水中，和水成为好朋友，形成水溶液。

二、出示材料，结合幼儿已有经验了解植物油和洗洁精的特性

1. 引发猜想：所有东西都能和水成为好朋友吗？

2. 出示两种液体，发现它们的不同。

引导语：今天老师还带来了2瓶液体，这2瓶液体都是厨房里经常要用到的，猜猜它们是什么？它们有什么不一样？

3. 梳理小结：我们要用到的材料是植物油和洗洁精。洗洁精闻起来有点味道，是无色透明的、有点黏稠的液体，而植物油是黄色透明的、滑滑的液体。

三、动手操作，观察、比较并记录实验结果

1. 引发猜想：这里还有3个装了水的瓶子（1号瓶、2号瓶和3号瓶），如果在1号瓶中再加入油，在2号瓶中再加入油和洗洁精，在3号瓶中再加入洗洁精，请你猜一猜这3个瓶子在摇晃之后，里面的液体会发生什么变化。

2. 出示记录表（图1），要求幼儿用自己喜欢的方式做记录：操作前在"猜想"栏下记录猜想，操作后在"摇晃后""静置后"栏下记录实验结果。

3. 幼儿操作、观察、记录，教师巡回指导。

4. 集体交流分享，请幼儿结合记录表说一说自己在操作中的发现：你的

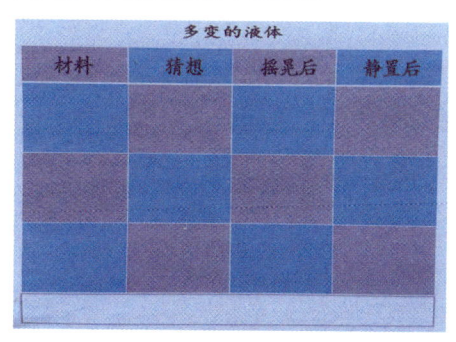

图1

实验结果和猜想一样吗？

引导幼儿说出液体在各自瓶子里面的位置情况，比如水和油是不能融合在一起的，并且油在上面、水在下面；洗洁精倒入水里之后出现了泡泡等。（图2）

5. 梳理小结：油是不溶于水的。即使我们用力摇晃，使油和水暂时混在一起，但一段时间后，油还是会慢慢地聚集在一起并浮到水的上面。这是因为水重一些，它沉在了下面一层，而油稍微轻一些，所以就浮在了水面上。这就解释了1号瓶出现的现象。2号瓶中，洗洁精既可以和水混合在一起形成水溶液，还可以使油分散到水溶液里，形成很多小油滴，因此2号瓶中的液体是浑浊的，这也就是洗碗的时候用洗洁精能去除碗上油渍的原因。洗洁精可以溶于水，3号瓶中有泡沫浮在上面，这是因为在摇晃过程中会有一些气体被带到水中，洗洁精会包裹这些气体产生气泡。

图2

活动延伸

1. 区域活动：调换加入液体的顺序，如最后加入水，看看实验结果是否有变化。

2. 家园共育：在家玩"多变的液体"游戏，如将酱油、白醋、洗洁精等进行混合，看看液体会发生什么变化。

谁住得最高（游戏活动）

游戏目标

1. 知道油水分离的简单原理。

2. 能发现不同液体混合后的分层现象。

3. 在实验过程中喜欢动手动脑并愿意表达自己的想法和发现。

游戏准备

1. 经验准备：已经有过油、水、洗洁精混合的实验经历。
2. 物质准备：糖浆、油、水、透明塑料杯等。（图1）

游戏玩法

1. 幼儿自主将油、水放进塑料杯里，观察是否产生分层以及谁在最高层。
2. 尝试先把糖浆倒入透明塑料杯里，再倒入等体积的油（图2），可以看到油在糖浆上面，两者之间有明显的分层，随后加入等体积的冷水，可以看到冷水并没有漂在油的上面而是沉到了油的下面，在糖浆和油之间稳定了（图3）。

图1 　　　　　　　图2 　　　　　　　图3

游戏指导

1. 重点指导：建议幼儿使用瓶盖、量杯量取等量的液体倒入塑料杯中，重点观察不同液体与水混合之后会出现什么现象。
2. 个别指导：指导幼儿按照量杯上的刻度准备需要的液体。

游戏延伸

请幼儿说一说自己知道哪些"油"（比如橄榄油、酱油等），并用这些材料来做实验，看看它们与水混合之后会出现什么现象。

神奇彩色泡泡龙（游戏活动）

游戏目标

1. 了解泡泡的特征；知道纱布上有许多小孔，每个小孔就像一个吹泡泡的管子，因此对着蒙着纱布的卷纸筒吹气，就能吹出许多整齐排列的泡泡。
2. 体验合作、交流的快乐以及创造的乐趣。

游戏准备

物质准备：纱布、橡皮筋、水彩笔、卷纸筒、胶水、洗洁精、清水、盘子、塑料碗、量杯、小勺等。

游戏玩法

1. 幼儿自主将胶水、洗洁精和清水按照1∶2∶3的比例混合，并且搅拌均匀。（图1）

2. 幼儿自主将纱布蒙在卷纸筒一端，扎上皮筋固定。用不同颜色的水彩笔在纱布上涂色，涂满整个纱布。（图2）

图1

3. 幼儿将纱布蘸上泡泡水后，从卷纸筒的另一端吹气。神奇的事情发生了，一条彩色的泡泡龙出现了。（图3）

图2 　　　　　　　　　图3

游戏指导

1. 重点指导：按比例配制泡泡水；在实验过程中要注意安全，吹泡泡时不能往里吸，不然会把泡泡吸到嘴里。
2. 个别指导：指导个别幼儿尝试用不同的颜料来探究效果。

游戏延伸

1. 区域活动：在科学区提供不同的纸或其他不同材质的布，请幼儿尝试是否可以吹出泡泡龙。
2. 家园共育：幼儿与家长共同实验，探究更多的玩法，促进亲子感情。

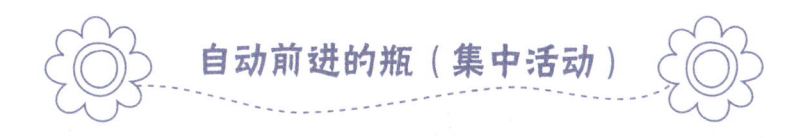

自动前进的瓶（集中活动）

活动目标

1. 了解泡腾片放入水中后溶于水并产生气体的现象。
2. 通过实验感知泡腾片溶于水后产生的气体能推动瓶子在水中前进的现象。
3. 在实验过程中喜欢猜想与动手探索，学习做简单的实验记录。

活动准备

1. 经验准备：初步了解泡腾片。
2. 物质准备：泡腾片2片、塑料瓶1个（瓶底有孔）、围棋子12个、水、水盆等。

活动过程

一、提出问题，引发猜想

1. 引导语：这里有一个塑料瓶，我们要试一试它能不能在装水的盆里自动前进，老师请围棋子和泡腾片来帮忙，你们猜一猜怎么做才能让水瓶自动前

超级魔术师 199

进呢?

2. 鼓励幼儿大胆发表自己的想法。

二、初次操作，感知泡腾片溶于水后产生的气体能推动瓶子在水中前进的现象

1. 自制自动前进的瓶。将围棋子放入塑料瓶中，盖上瓶盖，然后把装有围棋子的塑料瓶放入水盆中，观察塑料瓶在水中是沉还是浮。

2. 幼儿自主探索让瓶子自动前进的方法，教师观察指导。

把一片泡腾片掰成两半，装入塑料瓶。塑料瓶里灌满水，迅速盖上瓶盖。再将塑料瓶放入水盆中，此时的小瓶子会自行慢慢地调整状态，最终会倾斜地在水中前进。如果瓶子无法前进，可通过增加或减少棋子的数量来调整瓶子的状态。（图1~图3）

图1    图2 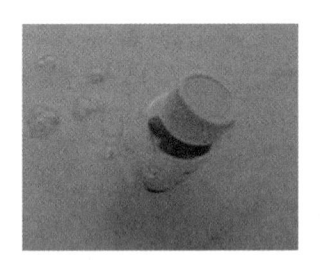   图3

3. 集中交流分享：你用什么方法让瓶子在水中自动前进？你发现了什么秘密？

4. 梳理小结：泡腾片溶于水产生的气体，可以穿过塑料瓶底的小孔带动瓶子在水盆中自动前进。

三、再次操作，感知泡腾片与围棋子数量的关系

1. 引导语：泡腾片溶于水后产生的气体能推动装有4个棋子的瓶子在水中前进，那放6个围棋子在塑料瓶中，塑料瓶还能在水盆中自动前进吗？放10个围棋子呢？请你先把猜想记录下来，然后再验证。

2. 出示记录表（图4），让幼儿用自己喜欢的方式作记录：在"猜想"栏下记录猜想，在"结果"栏下记录实验结果。

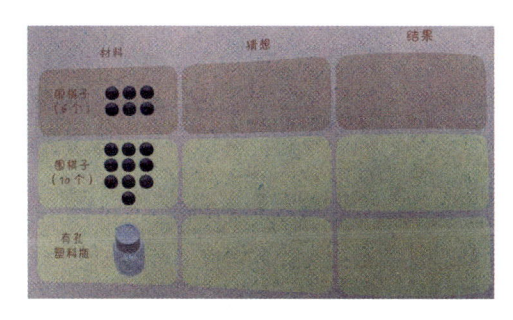

图 4

3. 幼儿动手操作，教师观察指导。
4. 幼儿结合记录表说一说自己在操作中的发现。
5. 梳理小结：泡腾片溶于水后产生的气体能推动装有围棋子的塑料瓶。泡腾片越多，产生的推动力就越大；泡腾片溶于水后产生的气体是有限的；瓶子的推进速度会随围棋子的增加而变弱。

活动延伸

1. 区域活动：幼儿尝试用更多数量的泡腾片搭配不同数量的围棋子，继续此探索游戏。
2. 家园共育：利用泡腾片遇水产生气体的推动力在家里继续玩游戏，如自制会自动前进的小船等。

火山爆发（游戏活动）

游戏目标

1. 对火山爆发的实验感兴趣，喜欢自己动手探索实验。
2. 能够大胆猜想实验结果，并通过观察、比较的方法验证猜想。

游戏准备

1. 经验准备：阅读绘本《火山有颗热脑袋》，了解故事的主要内容。

2. 物质准备：透明杯 2 个，红、蓝色素，食用油 100 毫升，清水 60 毫升，泡腾片 2 片等。

游戏玩法

1. 幼儿自主向两个杯子中分别依次加入 30 毫升的清水、10 滴色素和 50 毫升食用油。（图 1～图 3）

2. 往杯中各投一片泡腾片，可以看到由杯底逐渐往上冒出美丽的"火山岩浆"。（图 4）

图 1

图 2

图 3

图 4

游戏指导

1. 重点指导：幼儿观察泡腾片遇水后迅速产生大量的气体，气体携带着有颜色的水冲出油水层，达到油的顶端，最终溢到空气中，进而制造出酷似火山爆发的壮观景象。

2. 个别指导：对操作有困难或游离于游戏之外的幼儿进行个别指导。

游戏延伸

讨论：泡腾片还有什么作用呢？请幼儿和爸爸妈妈一起查阅资料。

漫游"电"世界

（蔡晓玉　叶淑美　陈育颖）

　　幼儿园突然停电了，幼儿七嘴八舌地围绕着"停电"这个话题展开讨论："停电后，一体机就用不了了，我们也上不了课了。""肯定是刚才那个爆炸声炸毁了电路，才停电的！""怎样才能把电路修好？"……一系列问题和讨论引发了幼儿的探究欲望，同时幼儿在区域活动中也非常热衷于有关电的实验，于是教师追随幼儿的兴趣，设计了系列探究活动，引导幼儿通过观察、比较、操作、实验等方法，认识身边无处不在的电器和电力，满足幼儿关于电的好奇，发展其初步的科学探究能力。

主题目标

★情感态度
1. 对电力探究感兴趣，喜欢交流自己发现的电力秘密。
2. 感受电力游戏的乐趣，在探究中能与同伴合作。
3. 知道电的危险性，提高安全用电意识。
4. 了解生活中节约用电的方法，具有一定的节约用电意识。

★知识经验
1. 了解常用的电器，感知电器在日常生活中的用途。
2. 感知生活中的静电现象。

续表

主题目标
3. 学会分辨导体和绝缘体。 4. 认识简单的电路。 5. 感知和体验电磁现象。 ★综合能力 1. 能通过观察、比较、操作、实验等方法，验证自己的猜想。 2. 能用图表、图画、符号等多种表征方式记录电力探究结果。 3. 尝试选择合适的材料制作电力玩具。

系列活动一览表

序号	活动名称	活动形式	科学原理点
1	生活中的电	亲子活动	电的来源及应用
2	旋转纸花	集中活动	摩擦起电
3	扭转乾坤	游戏活动	摩擦起电
4	灯泡的好朋友	集中活动	导体、绝缘体
5	水果发电	游戏活动	导体
6	会"咬人"的电	集中活动	用电安全
7	有趣的电路	集中活动	串联电路
8	小灯泡亮了	游戏活动	串联电路
9	电路迷宫	游戏活动	串联电路
10	跳舞的女孩	集中活动	通电线圈的转动
11	走进科技馆	亲子活动	电力原理
12	一度电的故事	集中活动	节约用电

生活中的电（亲子活动）

活动目标

1. 知道几种常见的发电方式，了解电的来源。
2. 了解生活中常用电器的特点、功能及其与人们生活的关系。
3. 知道生活中电器的正确使用方法，具有安全使用电器的意识。

活动准备

物质准备：绘本《谢谢你，电力超人》，与发电有关的视频、照片等资料，吹风机、电视、电饭煲、微波炉等常用的生活电器。

活动小贴士

1. 与幼儿一同阅读绘本、观看与发电有关的视频等资料，了解电是如何来的，有哪几种产生电的方式。
2. 在日常生活中，与幼儿一起认识常用的电器，如吹风机、电视、电饭煲等，引导幼儿发现电器是生活中必不可少的物品，说一说：家里有哪些电器？这些电器是用来做什么的？要怎么使用它们？进一步引导幼儿了解生活中电器的功能。
3. 引导幼儿安全操作家用电器，体验家用电器给我们的生活带来的便利。

旋转纸花（集中活动）

活动目标

1. 感知塑料物品摩擦后产生的静电现象。

2. 尝试运用不同的材料使纸花旋转起来。

3. 乐于参与摩擦起电小实验，大胆表达自己在实验中的发现。

活动准备

1. 经验准备：体验过静电现象。

2. 物质准备：纸花1朵、牙签1根、木棍1根、小圆形泡沫垫1个、胶棒1根、塑料尺1把、透明塑料杯1个、粗细吸管各1根、剪刀1把、绸布1块等。

活动过程

一、问题导入，初步感知静电现象

1. 教师出示小纸花，引导幼儿讨论。

引导语：盒子里有许多小纸花，这里还有一把塑料尺。如果我把塑料尺放在衣服上摩擦，再让塑料尺靠近小纸花，你觉得会发生什么有趣的现象？

2. 鼓励幼儿大胆交流猜想，分组进行操作。

引导语：现在请小朋友来试一试，看看到底会发生什么有趣的现象？

3. 分享交流：你发现了什么有趣的现象？为什么塑料尺能把纸花吸起来呢？

4. 梳理小结：塑料尺和衣服摩擦后，产生了静电，可以吸起纸花这样的轻小物品。（图1、图2）

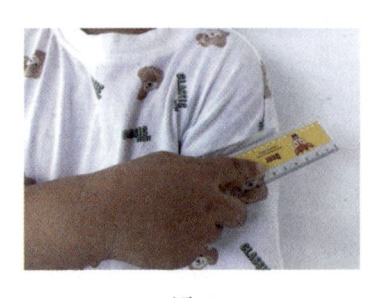

图1 　　　　　　　　　　图2

二、动手操作，让纸花旋转起来

1. 出示材料盒，请幼儿观察都有哪些材料，激发幼儿的操作兴趣。

引导语：我们通过静电小实验，让塑料尺将纸花吸了起来。现在老师给你们提供了一些材料，请你们动动脑筋动动手，让纸花旋转起来。

2. 幼儿制作纸花旋转装置，自主探索让纸花旋转起来的方法，教师观察指导。

操作步骤：①用剪刀剪掉牙签的三分之一，把牙签插在泡沫垫上，牙签的尖端朝上；②把折好的纸花轻轻放在牙签上；③将塑料杯罩在纸花的外面；④用塑料吸管摩擦头发；⑤摩擦后的塑料吸管在塑料杯外轻轻绕圈移动，观察纸花的变化。（图3～图7）

图3　　　　　　　图4　　　　　　　图5

图6　　　　　　　图7

3. 幼儿结合自己的操作结果，集中分享交流。

引导语：你们用什么办法让纸花旋转起来？

4. 梳理小结：塑料吸管经过摩擦之后，就会带上静电，产生较强的电场，对纸花有一定的吸引力，当塑料吸管绕圈移动时，纸花就会跟着旋转。

三、再次操作，探索用不同的材料使纸花旋转起来

1. 引导语：刚才我们用小吸管让纸花旋转起来了，现在老师为小朋友们提供了更多的材料，请你们再继续探索，试试这些材料能否让纸花旋转起来。

2. 幼儿猜想，动手操作实验并记录（记录表见图8）。

漫游"电"世界

做个小记录

以下材料与头发摩擦后能让纸花旋转起来吗？请用自己喜欢的方式记录你的猜想和结果。

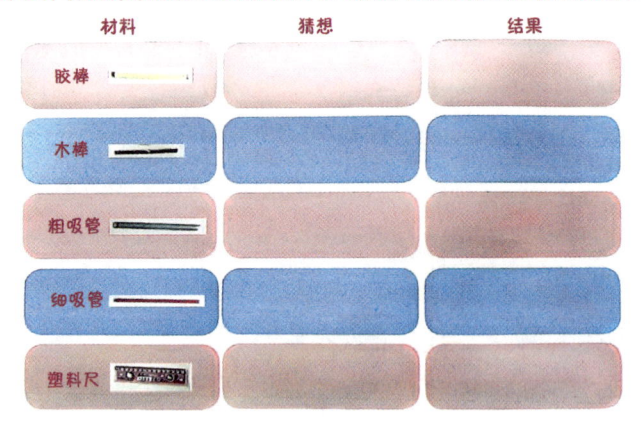

材料	猜想	结果
胶棒		
木棒		
粗吸管		
细吸管		
塑料尺		

图 8

3. 集中分享：你们用哪些材料让纸花旋转起来了？哪些材料不能？为什么？粗吸管和细吸管让纸花旋转的速度一样吗？（图9～图13）

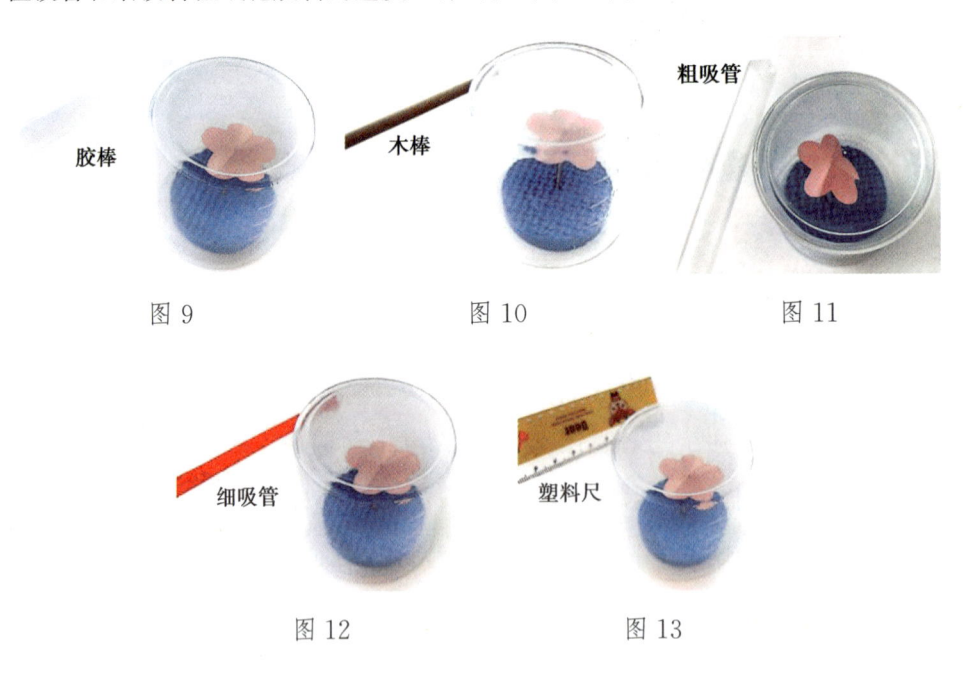

胶棒	木棒	粗吸管
图 9	图 10	图 11

细吸管	塑料尺
图 12	图 13

4. 梳理小结：塑料尺、胶棒、吸管等塑料制品经过摩擦后产生了静电，能使纸花等轻小的物品吸在这些塑料制品上，当带静电的塑料制品转动时，纸花也

会跟着旋转。木棒不是塑料制品，摩擦后不会产生静电，不能够吸引纸花等轻小物体，也就不能使纸花旋转起来。

四、活动拓展，了解生活中的静电现象

1. 引导语：在生活中，你们还见到过哪些静电现象？
2. 幼儿自主发表想法。
3. 观看视频《生活中的静电现象》。
4. 梳理小结：塑料梳子梳头发时，头发会飘起来；脱化纤衣服时会有声音，黑暗中会看见电火花；天气干燥时，长时间走路，衣服会和身体粘在一起；有时人与人在接触的刹那会被对方电到……原来静电现象就在我们身边，静电有时会给我们的生活带来不便和危险，那如何才能避免或消除静电现象呢？请小朋友回去查查资料，下次我们再来一起分享。

活动延伸

1. 区域活动：在科学区设置"有趣的静电"探索区，幼儿进一步了解生活中摩擦起电的现象，以及探索避免静电产生的方法。
2. 家园共育：幼儿继续探索和发现生活中的静电现象。

扭转乾坤（游戏活动）

游戏目标

1. 运用静电现象推动吸管转圈。
2. 乐于参与摩擦起电科学合作游戏，体验游戏的快乐。

游戏准备

1. 经验准备：对摩擦起电有一定的了解和操作经验。
2. 物质准备：圆形泡沫垫1个、海洋球2个、大小吸管各1根、呢绒布1块、胶棒2根等。

漫游"电"世界 209

游戏玩法

1. 用圆形泡沫垫做底座,在泡沫垫中间挖一个与大吸管一样粗的洞,将大吸管插到洞中,用小吸管制作一个T字形杆,并插入大吸管中。(图1)

2. 幼儿两人一组,一人拿一颗海洋球,先在呢绒布上摩擦,再放到小吸管的两端,隔空推动小吸管转动起来。(图2)

3. 鼓励幼儿更换材料或自创玩法,继续玩"扭转乾坤"的游戏。(图3)

图1　　　　　　　　　图2　　　　　　　　　图3

游戏指导

1. 重点指导:鼓励幼儿尝试用不同的塑料制品玩"扭转乾坤"游戏,不断提升游戏中的经验,如塑料制品摩擦得越久,小吸管就转得越快;又如塑料制品摩擦后,与小吸管间的距离会影响小吸管的转动速度等。

2. 个别指导:对操作有困难或游离于游戏之外的幼儿进行个别指导。

游戏延伸

提供不同的塑料制品,让幼儿继续玩"扭转乾坤"的游戏。

灯泡的好朋友(集中活动)

活动目标

1. 通过操作、探索、观察、比较,分辨导体和绝缘体。

2. 乐于尝试和感知不同材料的导电性。
3. 积极参与探索导电现象的游戏，学会避开危险。

活动准备

1. 经验准备：有电路连接的经验，会正确安装电池。
2. 物质准备：幼儿人手一套电路操作玩具（1号电池1个、导线4根、小灯泡1个、灯泡座1个、开关座1个）、回形针若干个、吸管1根、梭芯1个、钥匙1把、牙签1根、塑料盖1个、记录表、笔、视频《萌鸡小队之漏电安全》等。

活动过程

一、情境导入，让灯泡亮起来

1. 引导语：小熊今天搬新家，晚上想邀请好朋友来家里做客，但是房子里的电线被老鼠咬断了，灯也不亮了，房子里黑漆漆的。现在有1个灯泡、1个灯泡座、3根导线、1节电池、1个开关座，你能用这些材料让小熊家里的灯亮起来吗？
2. 幼儿分组动手操作，教师巡回指导。
3. 幼儿分享交流，大胆发表自己的发现。
4. 梳理小结：像这样用导线把灯泡、开关座、电池连成一个圈，灯泡就亮起来了。（图1）

图1

二、动手操作，利用导体让电线变长

1. 介绍材料，引发幼儿猜想。

引导语：小熊又遇到新问题，电线被咬掉一大截，电线不够长，因而不能把灯安装到房子里，但是家里又找不到电线，只有吸管和回形针这两种材料，你有什么办法帮小熊解决呢？

2. 幼儿两人一组自主探索，教师观察指导。
3. 幼儿分享交流：你用什么材料接长电线让灯泡亮起来？
4. 梳理小结：用回形针接长电线后，灯泡亮了，说明回形针是可以导电的；用吸管接长电线后，灯泡不亮，说明吸管是不能导电的。（图2、图3）

漫游"电"世界

图2 回形针

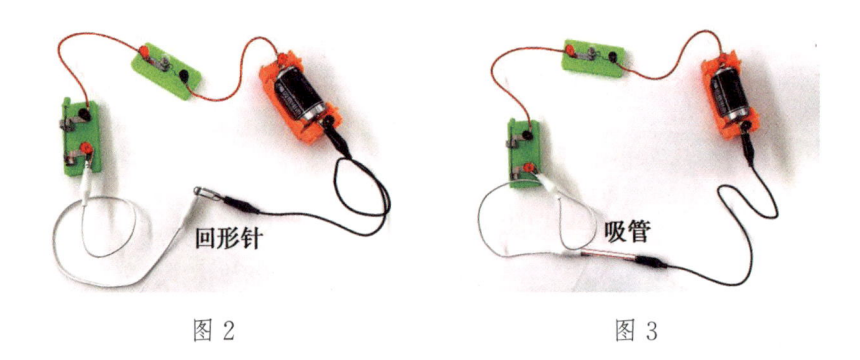

图3 吸管

三、再次操作实验：哪些物体能导电

1. 引导语：小熊困惑了，哪些物体能导电？哪些物体不能导电？请你再帮帮它吧。

2. 两人一组进行猜想和验证，教师巡回指导。

3. 引导幼儿边操作边思考：什么材料能导电，什么材料是不能导电？（图4～图7）

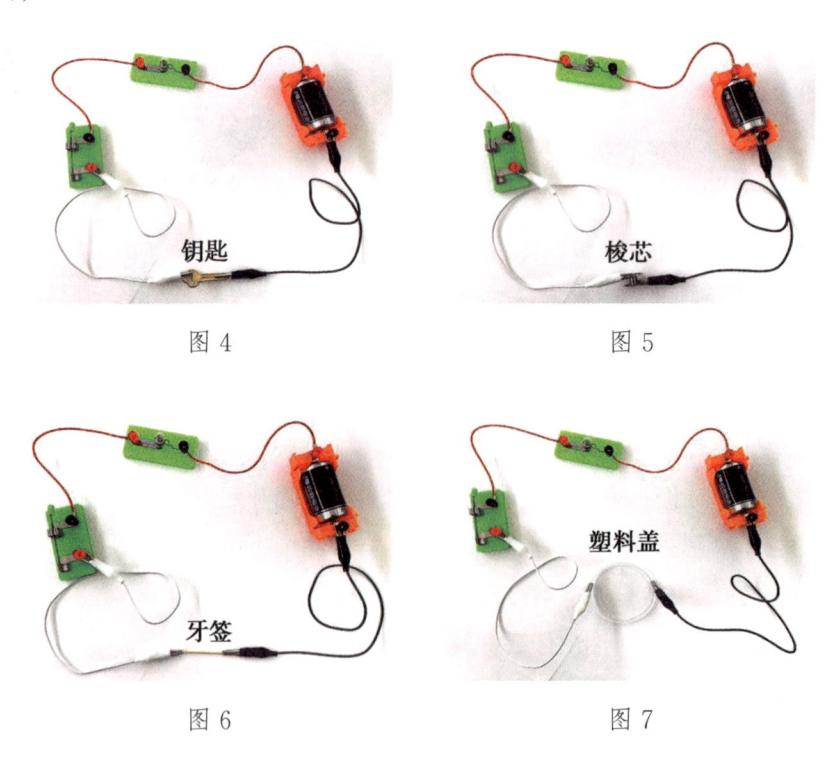

图4 钥匙

图5 梭芯

图6 牙签

图7 塑料盖

4. 幼儿分享交流：结合记录表说一说自己在操作中的发现。（图8）

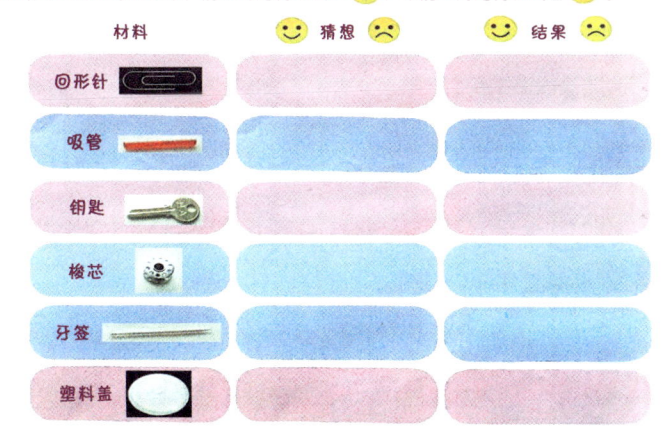

图 8

5. 梳理小结：回形针、钥匙、梭芯等金属制品能导电，是导体，可以当作电线来连接电路；吸管、牙签、塑料盖等不能导电，是绝缘体，绝缘体可以把电路切断。

四、拓展经验，注意用电安全

1. 引导语：小熊家的灯亮起来了，晚上可以请好朋友来家里玩了。那老鼠咬断的裸露电线，小朋友可以触摸吗？

2. 鼓励幼儿大胆发表自己的想法。

3. 观看视频《萌鸡小队之漏电安全》。

4. 梳理小结：我们通过科学小实验知道金属能导电。今天实验活动中小电池的电流以及和这种裸露的电线接触都在安全范围内，但当你在生活中看见这种裸露的电线时，一定不可以靠近更不可以用手去触摸，应该及时告诉大人。

活动延伸

1. 区域活动：在科学区投放更多的材料，供幼儿继续探索除了金属及金属制品外，还有什么物体能导电。

2. 家园共育：幼儿在生活中寻找各种物品，继续分辨导体和绝缘体。

漫游"电"世界

水果发电（游戏活动）

游戏目标

1. 能运用水果会发电的特性，制作水果电池，让 LED 灯亮起来。
2. 喜欢探究水果发电的实验，乐意与同伴分享自己的发现和想法。

游戏准备

物质准备：各类水果（柠檬、橘子、苹果等若干），导线 2 条，铜片、锌片 3 组，LED 灯，二极管连接器等。（图 1）

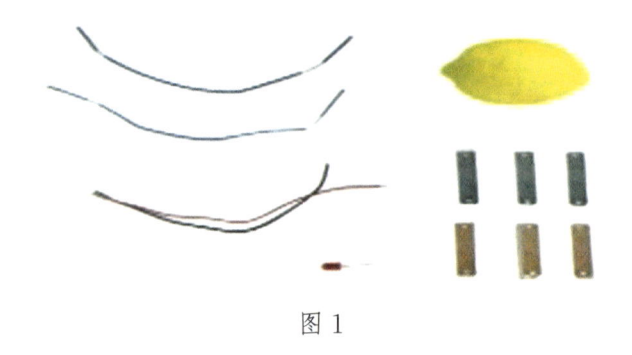

图 1

游戏玩法

1. 将铜片和锌片分别插入三片水果瓣的两侧。（图 2）
2. 用两条导线分别连接不同水果瓣的铜片和锌片。（图 3）
3. 用二极管连接器的红线连接铜片，黑线连接锌片。（图 4）
4. 将 LED 灯长脚的一端插入二极管连接器的红线端，短脚的一端插入二极管连接器的黑线端。（图 5）
5. 观察 LED 灯是否亮了。（图 6）

图 2 　　　　　　　　图 3 　　　　　　　　图 4

图 5 　　　　　　　　图 6

游戏指导

1. 重点指导：在每个水果中，分别插入一个铜片和一个锌片，铜片和锌片不要离得太近，更不能碰在一起。鼓励幼儿尝试增加或减少水果电池的数量，不断提升游戏中的经验，如水果数量少，水果电池发电量就小，灯泡的亮度就比较弱；增加水果数量，水果电池发电量增大，灯泡就会比较亮。鼓励幼儿借助不同的水果探索不一样的效果。

2. 个别指导：对操作错误的幼儿进行个别指导。

游戏延伸

生活中还有哪些东西可以发电？土豆能发电吗？西红柿能发电吗？小朋友们赶快动手试一试吧！

漫游"电"世界　215

会"咬人"的电（集中活动）

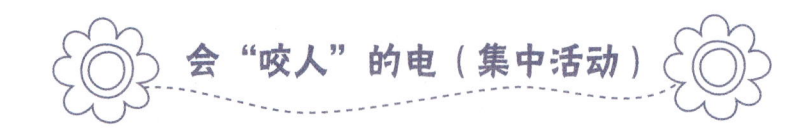

活动目标

1. 能正确使用常用的、简单的小家电。
2. 认识常见的安全用电标识，理解标识的含义。
3. 知道电的危险性，提高安全用电意识。

活动准备

1. 经验准备：有使用家用电器的经验。
2. 物质准备：《我知道的家用电器及注意事项》调查表（图1），教师与幼儿共同收集携带方便的小家电如小型电风扇、小台灯、按摩器、录音机等，萝卜条（或较脆的物品），"电"的标识等。

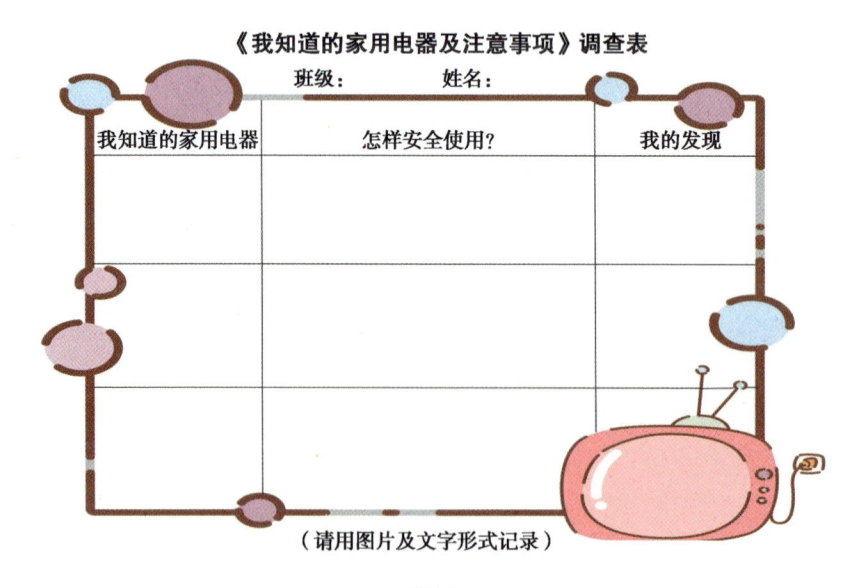

《我知道的家用电器及注意事项》调查表

班级：　　　　姓名：

我知道的家用电器	怎样安全使用？	我的发现

（请用图片及文字形式记录）

图1

活动过程

一、交流分享，家用电器的安全注意事项

1. 引导语：小明看见妈妈下班后很累，很想帮妈妈做点事情，可是到了厨房一看，微波炉、饮水机都不会用，这可怎么办？老师之前请小朋友们调查了家里的电器及安全注意事项，谁能来帮帮小明？

2. 幼儿介绍调查结果，讨论应该如何正确使用家用电器。

3. 梳理小结常用家用电器的使用注意事项：不能碰触裸露的电线；使用电吹风时不可以把电线绕在手上；湿湿的手不能触摸开关和电器；使用完电器要及时切断电源；家用电器不可以放在潮湿的地方；运转的电风扇扇叶不能碰……

二、观看案例，感知电器运转的威力

1. 教师提问，幼儿猜测结果。

引导语：小朋友发现电器都有安全使用的要求，如果没有按要求操作，可能会发生什么事？

2. 现场试验：风扇的威力。

教师操作小风扇，将萝卜条伸进扇叶，幼儿观察萝卜条被打断的现象。

3. 交流讨论：萝卜条为什么被打断了？对于正在运转的风扇，小朋友需要注意什么？

4. 梳理小结：风扇可以让我们感到凉爽，但旋转的扇叶就像刀片一样，能打断伸进扇叶范围内的物品，所以正在运转的风扇很危险，小朋友千万不要把手伸进风扇中。生活中其他运转的电器，如食品加工机、豆浆机等也不能触碰。

三、结合生活经验，说说生活中安全用电应注意什么

1. 引导语：除了不碰运转的电器，在生活中我们应该如何安全用电？

2. 幼儿讨论交流。

3. 梳理小结：每一种电器都有安全使用的要求，小朋友在使用电器时一定要按照使用要求进行操作，在没学会操作前，不随便乱动电器按钮；不将手指放入插座孔，否则会伤到自己。

四、认识安全用电标识，提高自我保护意识

1. 出示"电"的标识，引导幼儿观察，知道看见"电"的标识时要提高警惕，注意安全。（图2、图3）

当心触电　　　　　　有电危险

图2　　　　　　图3

2. 引导幼儿寻找班级中的电器。
3. 说一说班级里的电器应该如何使用，使用电器时应该注意什么。
4. 自制安全用电标识，张贴在班级里，提醒其他幼儿注意用电安全。（图4、图5）

图4　　　　　　图5

活动延伸

1. 区域活动：幼儿继续设计安全用电标识，张贴在幼儿园需要提醒的地方，提醒他人注意用电安全。
2. 家园共育：幼儿在家能根据家电使用要求，正确使用家中常用的、简单的小家电。

有趣的电路（集中活动）

活动目标

1. 知道电池、电线、灯泡、开关等材料连在一起就形成了电路。
2. 感受灯泡数量、电池数量的变化对灯泡亮度的影响。
3. 在电路实验中喜欢动手探索，学习做简单的实验记录并与同伴交流。

活动准备

1. 经验准备：认识电池的正负极，会组装电池，对导体有一定的认识。
2. 物质准备：电池、电线、灯泡、开关及底座若干，简单电路图若干等。

活动过程

一、经验回顾，引入主题

1. 引导语：怎么让灯泡亮起来？
2. 鼓励幼儿回顾经验。
3. 梳理小结：想要让灯泡亮起来，一定要有电池和电线，把它们和灯泡连接在一起，形成一个圈，灯泡就亮起来了，这样形成的圈就叫电路。

二、第一次操作，感受灯泡数量的变化对灯泡亮度的影响

1. 引导语：如果在电路中增加一个灯泡，灯泡的亮度会发生变化吗？
2. 鼓励幼儿大胆发表自己的想法。
3. 介绍操作材料。（图1）

引导语：桌子上有一些电池、电线、灯泡、开关，请小朋友四个人一桌，分工合作，组装一个灯泡的电路和两个灯泡的电路，观察灯泡的亮度有什么不同。

4. 幼儿尝试组装电路，教师观察指导。（图2、图3）

漫游"电"世界

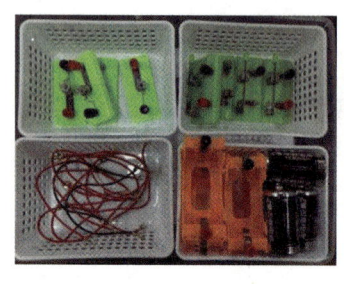

图 1 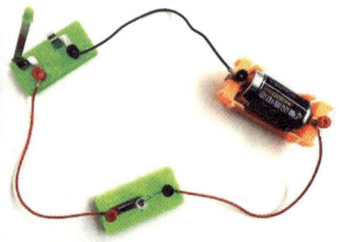　　　　　　　　图 2 　　　　　　　　图 3

5. 梳理小结：在相同数量电池的电路中，灯泡数量越多，灯泡越暗，甚至不亮。

三、第二次操作，感受电池数量的变化对灯泡亮度的影响

1. 引导语：如果在只有一个灯泡的情况下，增加一个电池，灯泡会有什么变化呢？装上三个电池，灯泡又会有什么变化呢？（图4、图5）

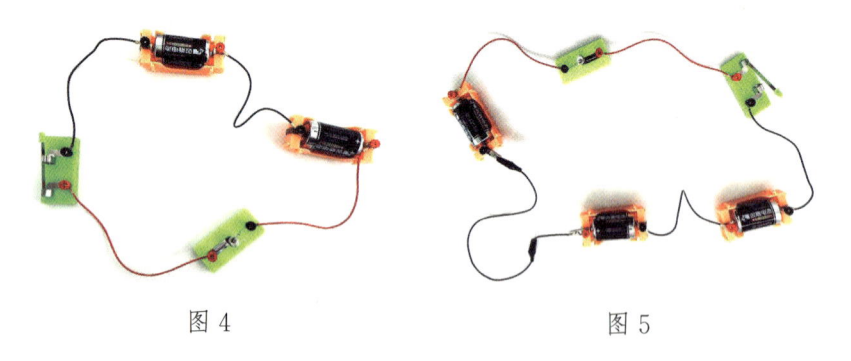

图 4　　　　　　　　　　　　图 5

2. 出示记录表，让幼儿用自己喜欢的方式做记录：在"猜想"栏下记录猜想，在"结果"栏下记录实验结果。

3. 幼儿观察、比较不同数量电池对灯泡亮度的影响，学习记录自己的猜想和实验结果（记录表见图6）。

4. 幼儿操作完成后结合记录表说一说自己在操作中的发现。

5. 梳理小结：在相同数量灯泡的电路中，电池数量越多，灯泡越亮。

电路挑战卡

连接电路	猜想	结果	
1个电池			
2个电池			
3个电池			

图 6

活动延伸

鼓励幼儿探究电路中不同要素数量变化对灯泡亮度的影响。

小灯泡亮了（游戏活动）

游戏目标

1. 感受电线的长短、粗细对灯泡亮度的影响。
2. 尝试设计简单电路图，组装电路使灯泡亮起来。

游戏准备

1. 经验准备：对简单电路、电池的组装有一定的操作经验。
2. 物质准备：不同长短、粗细的电线若干，电池、灯泡、开关若干，照度仪等。

漫游"电"世界

> 游戏玩法

1. 鼓励幼儿尝试在电池、灯泡等的数量不变的情况下，探索电线的长短、粗细对灯泡亮度的影响。

（1）探索不同长短的电线对灯泡亮度的影响（图1、图2），并尝试使用照度仪测试灯泡亮度（图3）。

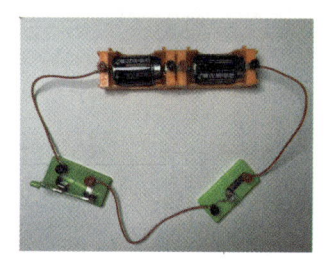

图1 　　　　　　　　图2 　　　　　　　　图3

（2）探索不同粗细的电线对灯泡亮度的影响（图4、图5），并尝试使用照度仪测试灯泡亮度（图6）。

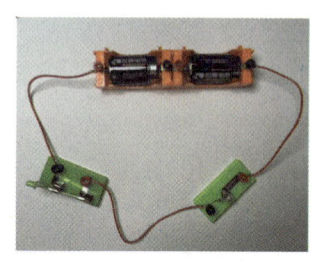

图4 　　　　　　　　图5 　　　　　　　　图6

2. 鼓励幼儿尝试设计电路图并组装电路使灯泡亮起来。

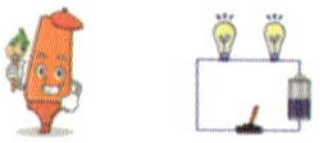 设计电路	 猜想	 结果

222　幼儿园科学主题系列活动设计

游戏指导

1. 重点指导：鼓励幼儿通过改变电线的长短和粗细，了解在电池、灯泡等的数量不变的情况下，电线越长灯泡越暗，电线越短灯泡越亮，电线越细灯泡越暗，电线越粗灯泡越亮。

2. 个别指导：对组装电路有困难的幼儿进行个别指导。

游戏延伸

提供光纤树、不同颜色的LED灯等，请幼儿串联电路，使彩灯亮起来，并尝试装饰教室。

电路迷宫（游戏活动）

游戏目标

1. 能根据挑战卡提示，把线路模块放到迷宫底板上，通过推理和尝试，把电路接通，让LED灯亮起来。

2. 感知串联电路中线路的变化对LED灯亮度的影响，能用较清楚的语言讲述自己的观察和发现。

游戏准备

1. 经验准备：对串联电路有一定的操作经验。

2. 物质准备：电路迷宫底板、线路模块、电池模块、LED信号灯、60张挑战卡（背面为提示卡）等。（图1、图2）

图1

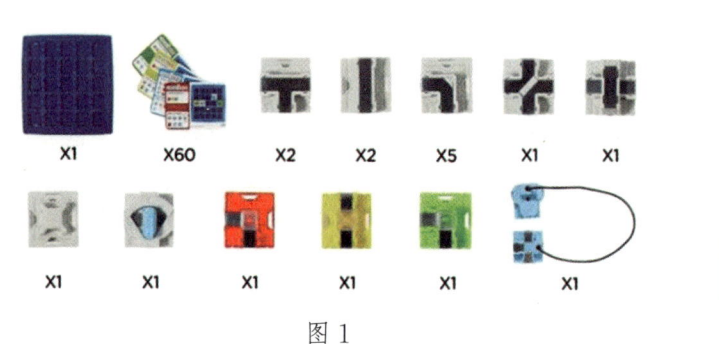

图2

游戏玩法

1. 拿出一张挑战卡。（图3）
2. 根据挑战卡的提示，把线路模块放到相关位置上。（图4）
3. 通过推理和尝试，把线路接通，让 LED 灯亮起来。（图5）

图3　　　　　　　　图4　　　　　　　　图5

游戏指导

1. 重点指导：引导幼儿仔细观察模块位置，尝试将线路模块组成回路。
2. 个别指导：如果幼儿在组装过程中遇到困难，可以引导幼儿查看挑战卡背面的参考范例，尝试参照范例进行线路连接，待熟悉电路组合方法之后，再进行挑战。

游戏延伸

1. 幼儿设计电路迷宫，并根据自己设计的电路图组装电路。
2. 与同伴交换电路设计图，观察对方的电路图并尝试组装，看看谁先挑战成功。

跳舞的女孩（集中活动）

活动目标

1. 在操作中感知和体验电磁现象。
2. 发现磁铁的数量会影响铜线旋转的速度。
3. 在活动过程中喜欢猜想与动手操作，学习做简单的实验记录。

活动准备

1. 经验准备：有玩电子百拼的经验；能通过连接电池和铜线使小风扇转动起来。
2. 物质准备：电池若干、铜线模型1个、钕铁硼磁铁2个、女孩纸卡2张、双面胶、记录表等。

活动过程

一、引发猜想：怎么让女孩跳舞

1. 介绍游戏材料，猜想让女孩跳舞的方法。

引导语：有一个女孩，她很喜欢跳舞，可是今天她却动不了，老师请来了电池、铜线还有磁铁来帮忙，请你猜一猜怎么能让女孩跳舞呢？

2. 鼓励幼儿大胆发表自己的想法。

3. 梳理小结：小朋友想到了很多办法，这些办法能不能让女孩跳舞呢？我们一起来试一试吧！

二、动手操作，探索让女孩跳舞的方法

1. 自制跳舞小人。幼儿将女孩纸卡背对背地粘贴在铜线模型的交叉点上（图1），并把女孩的裙子往外折一点（图2），跳舞的女孩就做好了！

漫游"电"世界 225

图1 　　　　　　　　　　　　　图2

2. 幼儿自主探索让女孩跳舞的方法，教师观察指导。

3. 集中交流分享：你的女孩能跳舞吗？你是用什么方法让女孩跳舞的？

4. 结合图示，梳理让女孩跳舞的正确方法：在电池的负极（平面）一端放上两个钕铁硼磁铁（图3），将女孩铜线模型的上端支在电池的正极（凸起）一端（图4），使铜线模型下面的两个端点接触磁铁（图5）。这时候女孩纸卡就会旋转起来了。

图3 　　　　　　　　　图4 　　　　　　　　　图5

5. 梳理小结：导线、电池、磁铁连接在一起就构成了一个回路，电池驱动这个电路产生电流，磁铁提供磁场，这时候女孩纸卡就能旋转起来了。

三、再次操作，感受旋转速度与磁铁数量的关系

1. 引导语：刚才我们用两个磁铁让女孩纸卡旋转起来，如果在电池的负极那端只放上一个磁铁，这时候女孩还能跳舞吗？（图6）

2. 出示记录表（图7），让幼儿用自己喜欢的方式做记录：在"猜想"栏下记录猜想，在"结果"栏下记录实验结果。

图6

226　幼儿园科学主题系列活动设计

材料	猜想	结果	我的发现

……			

图 7

3. 提醒幼儿观察、比较女孩纸卡旋转的速度，学习记录自己的猜想和实验结果。

4. 操作完成后请幼儿结合记录表说一说自己在操作中的发现。

5. 梳理小结：磁铁的数量会影响女孩纸卡旋转的速度，磁铁的数量越多，纸卡旋转的速度就越快。

活动延伸

1. 幼儿把铜线弯成不一样的形状，如爱心形、M形，尝试让女孩跳起舞来。（图8）

2. 准备电池盒、电池、漆线包、鳄鱼夹线、砂纸、铁棒、回形针或小铁片等材料，引导幼儿把用砂纸打磨过两端的漆包线紧密地、一圈一圆地缠绕在铁棒上，不要重叠。（图9）把电池装入电池盒，将鳄鱼夹线、漆包线、电池连接成通路。（图10）手持铁棒去吸引回形针或小铁片，看能否吸起它们。（图11）

图 8

图 9 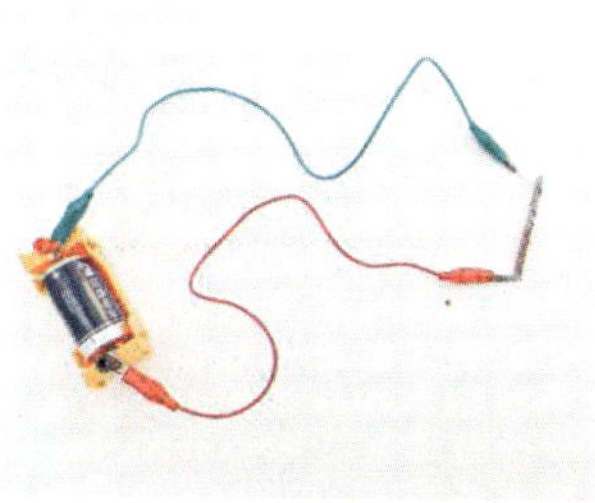　　　　　图 10 　　　　　图 11

漫游"电"世界　227

走进科技馆（亲子活动）

活动目标

1. 参观科技馆，操作体验各种与电有关的小实验。
2. 在操作中感知电路、电流、电磁现象，知道电与人们生活的关系。
3. 观看磁电大舞台表演，感受直观、震撼的电磁魅力。

活动准备

1. 经验准备：有一定的电力探索经验，对电力现象感到好奇。
2. 物质准备：为家长推荐市、区周边的科技馆。

活动小贴士

1. 走进科技馆，留心观察各种电器设备和电磁现象，感受电给人们生活带来的便利。
2. 观看音乐特斯拉放电、多彩放电桩、怒发冲冠等电磁表演，亲身体验电磁现象。
3. 将走进科技馆的发现记录下来，带到幼儿园和同伴一起分享。

一度电的故事（集中活动）

活动目标

1. 了解电与人们生活的关系，知道生活中一些节约用电的方法。
2. 知道一度电可以做什么，具有一定的节约用电意识。

3. 能用多种方式展示节约用电办法，争当节约用电小卫士。

活动准备

1. 经验准备：知道电费是用度来计量的。
2. 物质准备：缺电地区及断电地区的生活图片、视频《一度电的故事》、纸、记号笔等。

活动过程

一、分享交流，了解电的作用

1. 鼓励幼儿大胆讲述：在我们的生活中哪些地方需要用电？（电视机、微波炉、电冰箱、洗衣机、空调、灯等。）
2. 鼓励幼儿大胆讲述：电给我们的生活带来哪些便利？（用电饭锅煮饭，用电水壶烧水，空调能带来凉爽的风，洗衣机能把脏衣服变干净等。）
3. 梳理小结：电给人类的生活带来很多便利。人们的衣食住行都离不开电。所有的电器都要用到电，自从人们发现了电，人们的生产力大大提高，因为电的利用效率高且使用方便。

二、亲身体验，了解电的重要性

1. 切断班级电器（电灯、电风扇、空调）电源，引导幼儿体验没电的时候带来的不便。
2. 观看贫困地区缺电少电的图片，激发幼儿节约用电的意识。
3. 幼儿集中讨论：现在还有许多地方的人用不上电，连照明都很困难，更别说看电视、吹空调了，我们应该怎样帮助他们呢？（节约用电。）

三、观看视频，了解一度电可以做什么

1. 引导语：你知道一度电可以做什么事情吗？
2. 幼儿交流讨论。
3. 观看视频，梳理小结：一度电就可以给手机充电100多次，可以点亮100小时的节能灯，可以让电视播放10个小时……原来一度电可以做这么多事，我们更需要珍惜每一度电。

漫游"电"世界

四、分组讨论，知道一些节约用电的好办法

1. 幼儿分组讨论怎么节约用电，并将方法记录下来。

2. 每组幼儿展示自己小组找到的节电小妙招。

3. 梳理小结：我们的生活离不开电，电资源不是无穷的。我们要在生活中利用省电妙招，如电器不用时随手切断电源，及时淘汰耗电量大的旧电器，手机充满电立即拔掉插头，更换节能灯具，选用节能热水器……将这些省电妙招教给爸爸妈妈，让我们一起养成节约用电的好习惯。

活动延伸

1. 区域活动：制作《节约用电》海报，并张贴在幼儿园的公共活动区，倡导身边每个人节约用电。

2. 家园共育：与爸爸妈妈一起寻找生活中节约用电的好方法，用绘画的形式记录下来。

气压有力量

（周维维　陈　鹭　邵亚娇）

气压虽然看不见，但气压差引发的现象和应用却存在于我们的身边。日常生活中，幼儿对与气压有关的现象产生了极大的兴趣，如吸管为什么能吸水？为什么注射器可以抽水？吸盘挂钩为什么不用胶水就能吸住墙壁？……一系列问题引发了幼儿的探究欲望。教师可以设计系列探究活动，引导幼儿通过观察、比较、操作、实验等方法，发现空气占据着空间，感知物体内外存在气压差所产生的现象及其在生活中的应用，对幼儿进行科学启蒙教育，激发幼儿的探究欲望，发展其初步的科学探究能力。

主题目标

★情感态度
1. 积极探索，对气压的秘密感兴趣。
2. 乐于表达，喜欢交流自己的猜想和实验结果。
3. 愿意协作，感受玩气压科学游戏的乐趣。

★知识经验
1. 感知空气的存在并占据着空间。
2. 感知物体内外存在气压差所产生的现象。
3. 探索利用气压差使瓶子里的水喷出或流动。

续表

主题目标
4. 初步感知虹吸现象。 5. 了解气压现象在生活中的应用。 ★综合能力 1. 能通过观察、比较、操作、实验等方法，验证自己的猜想。 2. 能用表格、图画、符号等多种表征方式记录探究结果。

系列活动一览表

序号	活动名称	活动形式	科学原理点
1	吸盘挂钩的秘密	集中活动	气压
2	不湿的纸巾	集中活动	空气占据空间和气压
3	谁在推动我	游戏活动	空气的存在和气压
4	倒不出的水	集中活动	气压
5	会喝水的杯子	亲子活动	气压
6	吸管运水	集中活动	气压
7	瓶子里的水	游戏活动	气压
8	喷泉水花	游戏活动	气压
9	有趣的虹吸	集中活动	虹吸现象
10	阶梯水库	游戏活动	虹吸现象
11	小小潜水艇	游戏活动	气压与水压

吸盘挂钩的秘密（集中活动）

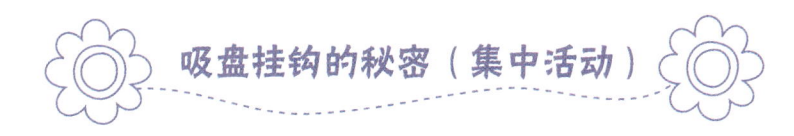

活动目标

1. 初步了解吸盘挂钩的使用方法和科学原理。
2. 探究吸盘挂钩的力量与所吸附物体表面的光滑度之间的关系。
3. 对生活中吸盘挂钩挂重物的现象感兴趣，体验科学探索的乐趣。

活动准备

1. 经验准备：见过吸盘挂钩，了解吸盘挂钩的作用。
2. 物质准备：幼儿任务卡、吸盘挂钩、笔、视频、PPT等。

活动过程

一、出示吸盘挂钩，引发兴趣

1. 教师出示吸盘挂钩，启发幼儿讨论。

提问：它和普通的粘贴挂钩有什么不一样？（图1）

图1

2. 梳理小结：吸盘挂钩由软软的吸盘和硬硬的钩子组成，它和普通的挂钩相比，没有胶粘性。

气压有力量 233

二、操作实验，探索方法

1. 引发操作欲望。

提问：吸盘挂钩没有粘胶，它是怎么粘在墙壁上的呢？粘住以后，又该怎么取下来呢？

2. 幼儿动手尝试，并交流实验结果。

3. 梳理小结：使用吸盘挂钩时要把软吸盘里的空气都挤压出来，才能吸住墙壁。当空气再次进入吸盘里，就能轻轻松松地把吸盘取下来。

三、引出问题，提出挑战

1. 出示任务卡（图2），提出挑战。

引导语：吸盘挂钩是不是在所有材料的表面都能吸住呢？请小朋友带着任务卡去寻找教室里的材料，猜一猜、试一试，并做好记录。

吸盘挂钩挑战任务卡		
挑战对象	 猜一猜	 试一试

图 2

2. 幼儿带着任务卡操作、记录。

3. 交流、分享实验结果。

4. 梳理小结：当吸盘在光滑的表面按压时，能排空吸盘里的空气，大气压力就能把它牢牢地压在表面。但是如果吸盘遇到粗糙、不光滑的表面，里面的空气就排不干净，所以吸盘就吸不住了。

四、拓展生活，认识吸盘家族

1. 结合生活，启发交流。

提问：在我们的生活中，你还见过哪些东西也运用了吸盘挂钩的大气压原理呢？

2. 观看视频，拓展经验。

3. 结合PPT梳理小结：人们利用吸盘的附着力制成了好多有用的工具，比如吸盘手机支架、吸盘拔罐器、拆卸吸盘、汽车凹陷修复吸盘等，给我们的生活带来了很多方便。（图3～图5）

图3　　　　　　　　图4　　　　　　　　图5

活动延伸

区域活动：在科学区投放吸盘挂钩、水，启发幼儿探究如何用水使吸盘挂钩吸得更牢固。

不湿的纸巾（集中活动）

活动目标

1. 探索让纸杯中的纸巾和棉布在水里不湿的方法，感知空气的存在并占据着空间。
2. 尝试用其他材料替换主材料进行实验，并发现不同的结果。
3. 能大胆地表述自己探索的过程和结果。

活动准备

1. 经验准备：知道纸巾、棉布接触水以后会被打湿。
2. 物质准备：塑料杯、纸巾、棉布、乒乓球、水、水盆等。

活动过程

一、出示材料，引发兴趣

1. 教师出示纸巾、棉布、装有水的水盆，以个别幼儿的操作演示引起集体探究的兴趣。

提问：为什么纸巾、棉布放到水里会湿呢？

2. 梳理小结：纸巾和棉布具有吸水性，遇水会变湿，在生活中常用来擦拭。

二、引出问题，提出挑战

1. 展示实验材料。
2. 引出问题，提出挑战：如何让纸巾在水里不湿？

三、操作实验，探索方法

1. 幼儿阅读、理解记录表（图1），并进行实验猜想。

操作方式	猜想	结果
杯子倾斜放时纸巾的变化		
杯子垂直放时纸巾的变化		

图 1

2. 验证操作，并把结果记录在结果栏中。

（1）把一张干纸巾放在杯子底部并压紧，将杯子倒置并倾斜地放到装有水的水盆中，观察纸巾是否变湿。（图 2）

（2）把一张干纸巾放在杯子底部并压紧，把杯子倒置并垂直地放到装有水的水盆中，观察纸巾是否会湿。（图 3）

图 2　　　　　　　图 3

3. 梳理小结：杯子内有空气，当杯子倒立倾斜地放进水中时，水会进入杯子，纸巾会被水浸湿；当杯子倒立垂直地放入水中时，空气占有空间并阻隔水进入杯子，所以纸巾不会被水浸湿。

气压有力量　237

四、更换材料，观察结果

（一）换成棉布

1. 将纸巾换成棉布，重复上述实验。（图4）

幼儿记录猜想后动手实验，将杯子倾斜或垂直倒置后放入水中，观察棉布是否会浸湿，并将实验结果和猜想进行对比。

2. 梳理小结：更换棉布后，实验结果和纸巾是一样的。

图 4

（二）换成乒乓球

1. 把乒乓球放入水中，将塑料杯倒置并垂直扣在乒乓球上，观察乒乓球有什么变化。（图5）

2. 轻轻拿起塑料杯，当乒乓球和杯子都未离开水面时，让杯子中进水，这时再观察乒乓球有什么变化。

3. 鼓励幼儿将猜想与实验结果进行比较。

图 5

4. 和幼儿一起梳理实验中的经验与发现：当我们把杯子垂直地倒扣在水里时，杯子里的空气占据空间并把杯子里的乒乓球压到水底。当轻轻拿起杯子时，让水进入杯子，乒乓球就浮起来了。

活动延伸

家园共育：幼儿回家寻找其他材料，继续用杯子垂直倒扣在水中的方式，观察杯子里的东西会不会湿。

谁在推动我（游戏活动）

游戏目标

1. 通过实验感受注射器内空气的存在，知道活塞推不动的原因。
2. 能用自己喜欢的符号、图画来记录自己的探究猜想与结果，体验玩注射器的快乐。

游戏准备

1. 经验准备：有过打针的经历，在角色游戏中玩过注射器。
2. 物质准备：注射器 2 个（去掉针头）、盒子纸卡、青蛙纸卡、软管、清水、颜料等。

游戏玩法

1. 把注射器的活塞拉起，用手指堵住出气孔，推动活塞，发现不能推到底的现象；松开堵住出气孔的手指，靠近手部或放入水中再次推动注射器，感知注射器内空气的存在。（图1）

2. 制作盒子和青蛙玩偶，尝试用挤压注射器里空气的办法推动青蛙，使青蛙跳入"池塘"（盒子）。（图2）

3. 软管穿过盒子，软管两端分别连接两个注射器，推动其中一端的注射器，观察另一端注射器的变化。（图3）

4. 在连接软管的一个注射器里装入少量颜料水，两名幼儿轮流推拉两端的注射器，通过推拉感受液体的流动。（图4）

5. 尝试利用注射器推动其他物体，使其移动，创造出更多有趣的玩法。

气压有力量 239

图 1 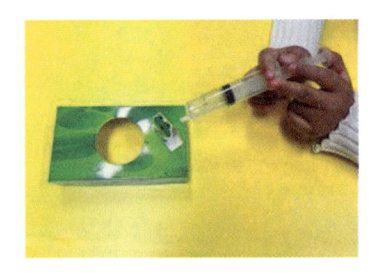　　　　　　　　　　　　图 2

图 3 　　　　　　　　　　　　图 4

游戏指导

1. 重点指导：鼓励幼儿大胆尝试多种玩法，发现注射器内空气的存在和相关的科学现象；鼓励幼儿用自己喜欢的符号、图画来记录自己的探究猜想与结果。

操作方式	猜想	我是怎么操作的？	结果

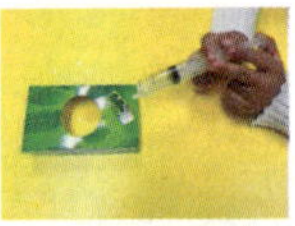			

2. 个别指导：提醒幼儿在同时推拉注射器的时候，需要捏紧软管两端的接头。

游戏延伸

引导幼儿拉起活塞后再进行抽水，感受针筒内充气量与抽水量的关系。

倒不出的水（集中活动）

活动目标

1. 通过操作感知水倒不出来与杯子内外存在气压差有关。
2. 探索用不同材料覆盖杯口能否让水倒不出来。
3. 感受气压差产生的有趣现象，萌发科学探究欲望。

活动准备

1. 经验准备：知道在一般情况下将水杯倒置时水会流出来。
2. 物质准备：软玻璃、彩纸、硬卡纸、有孔垫板、塑料杯、水、水盆等。

活动过程

一、出示材料，激趣导入

1. 教师出示一个空杯子和一盆水，以实验操作的方式引起幼儿兴趣。

提问：我手里拿的是能盛水的空杯子，如果将盛水的杯子倒置，水会倒出来吗？请两名小朋友上来试一试。

2. 梳理小结：水杯倒置，水马上就流出来了。

二、比较材料，猜测记录

1. 比较实验材料，提出操作要求。
2. 猜想将盛水的杯子倒置而不漏水的方法。

（1）教师请幼儿先猜想彩纸、有孔垫板等能否让倒置的水杯不漏水，然后将猜想记录在记录单（图1）中。

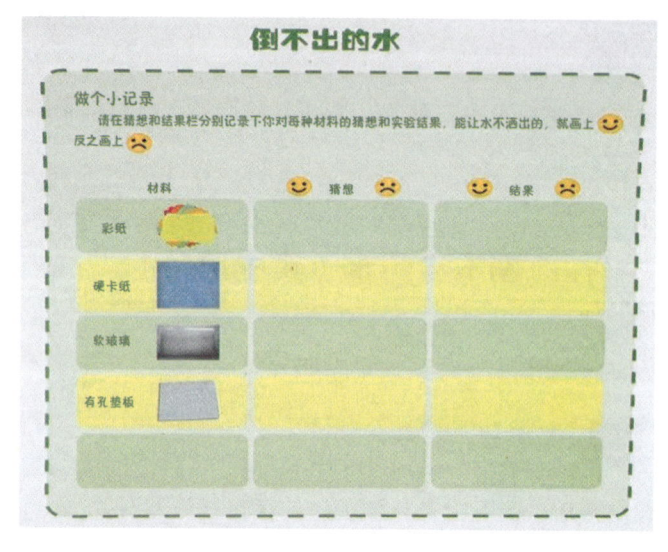

图1

（2）幼儿将猜想记录在记录单里，然后动手实验，看看实验结果和猜想的是否一样。

三、分组验证，比对结果

1. 教师示范使用软玻璃让倒置水杯里的水不会流出来。

（1）塑料杯里装一部分水或装满水，用软玻璃紧紧盖住杯口。（图2）

（2）一只手紧紧压着软玻璃，另一只手握住杯底，将杯子快速倒置过来。（图3）

图2 　　　　　　　　图3

(3)轻轻松开压住软玻璃的手,观察软玻璃是否会脱落,水是否会流出。(图4)

2. 分组操作,观察本组所用的材料能否让倒置的水杯不漏水。(图5)

图 4　　　　　　　　　　图 5

3. 和幼儿一起梳理实验中的经验与发现。

(1)你用什么办法让倒置的塑料杯里的水流不出来呢?

(2)用软玻璃、彩纸、硬卡纸、有孔垫板盖住杯口,快速将杯子倒置过来,手拿开后杯中的水流出来了吗?你觉得这些物品有什么共同特点吗?

4. 对比自己的猜想与实验结果是否一致。

5. 梳理小结:当我们把盛水的杯子倒过来时,手虽然松开了,但是塑料板、硬卡纸或彩纸的密封作用会导致杯子内外有气压差,正是这种气压差托起了水,使水暂时不能从杯子中流出来。

活动延伸

区域活动:幼儿寻找班级里的物品继续做倒不出水的实验,并和同伴交流自己的发现。

会喝水的杯子(亲子活动)

活动目标

在实验中感知大气压的存在和力量,对生活中的气压现象感兴趣。

活动准备

物质准备:水盆、色素、无烟蜡烛、透明杯子、喷雾式花露水、水等。

活动小贴士

1. 玩法1。

(1)幼儿将水倒入水盆,再滴入色素,并搅拌均匀。(图1)

(2)家长将蜡烛放入水盆中,并点燃蜡烛,注意提醒幼儿避开火苗以免灼伤。(图2)

(3)幼儿手持透明杯子,将杯口对准蜡烛,盖住蜡烛并按紧。(图3)

(4)引导幼儿观察蜡烛熄灭后,水从水盆缓慢进入杯中的"喝水"现象。

图1　　　　　　　　图2　　　　　　　　图3

2. 玩法2。

(1)幼儿将水倒入水盆,再滴入色素,并搅拌均匀。

(2)家长将蜡烛放入水盆中,并点燃蜡烛,注意提醒幼儿避开火苗以免灼伤。(图4)

(3) 幼儿按动花露水喷嘴，将花露水喷入透明杯子内。(图5)

(4) 幼儿将杯口对准蜡烛，盖住蜡烛并按紧。(图6)

(5) 引导幼儿观察蜡烛熄灭后，水从水盆快速进入杯中的"龙吸水"现象。

图4 　　　　　　　　图5 　　　　　　　　图6

吸管运水（集中活动）

活动目标

1. 探索吸管运水的办法，发现堵住吸管上端可以使吸管里的水不会流出来。

2. 观察、比较不同粗细的吸管吸水量的不同，并尝试结合辅助材料进行判断和记录。

3. 在实验过程中喜欢猜想与动手探索，体验用吸管运水的快乐。

活动准备

1. 经验准备：有用吸管喝水的经验。

2. 物质准备：不同长度、粗细的吸管若干根，量杯，杯子，线条贴纸，记号笔，记录表等。

活动过程

一、提出问题，引发猜想

1. 提问：你玩过运水的游戏吗？你是用什么工具运水的？如果给你一些吸

气压有力量　245

管，你能用吸管把一个杯子里的水运到另一个杯子里吗？

2. 鼓励幼儿大胆发表自己的想法。

二、动手操作，验证猜想

1. 幼儿自主探究用吸管运水的方法。

2. 集中交流分享：你是用什么方法让吸管运水的？

三、再次操作，发现堵住吸管上端水不会流出来的现象

1. 引导语：用堵吸管的办法，能让吸管成功运水吗？请小朋友试试看。

2. 幼儿自主操作用堵住吸管运水的办法进行运水。

3. 集中交流分享。

4. 梳理小结：将吸管的下端充分浸入水中，然后用手指堵住吸管的顶端。（图1）把吸管垂直拿出来，移到空杯子里，再把堵住吸管的手指松开，水就会流出来，于是水就成功地运到空杯子里啦。（图2）

图1 　　　　　　　　图2

四、操作对比，感受不同粗细的吸管吸水量的不同

1. 教师出示三根不同粗细的吸管，引发猜想。

提问：你觉得不同粗细的吸管每一次的运水量会有什么不同呢？

2. 出示量杯、记号笔、线条贴纸等辅助材料（图3），提出操作要求。

引导语：请小朋友试着用三种吸管来运水，并运用自己喜欢的办法比一比哪一种吸管吸水量比较多，运得比较快。

图3

3. 幼儿完成操作后，结合记录表说一说自己在操作中的发现。

4. 梳理小结：越粗的吸管，每一次吸水的量越多，运得就越快。

活动延伸

1. 区域活动：幼儿继续探究用吸管运水的其他办法。

2. 家园共育：幼儿寻找生活中的水管、笔壳等有两个洞的物品，观察是否能运用这些物品进行吸水、运水游戏。

瓶子里的水（游戏活动）

游戏目标

1. 通过瓶子倒扣、吹气等多种实验，观察瓶子中的水是否外流。
2. 愿意与同伴合作探究，大胆表达自己的实验猜想和结果。

游戏准备

1. 经验准备：玩过吸管运水的游戏。
2. 物质准备：杯子、瓶子、带弯管的吸管、乒乓球、颜料、水等。

游戏玩法

1. 把乒乓球放在装满水的瓶子的瓶口，瓶子倒过来，观察乒乓球是否掉下来，水是否洒出来。（图1）

2. 在装有水的瓶子里插入吸管，吸管另一端向一旁的杯口弯曲。遮住瓶口往里吹气，观察水是否从吸管里流出来。（图2）

3. 瓶子中加入水、颜料，把吸管的一端插入瓶子中，然后对着杯子快速倒置瓶子，让瓶口抵在杯子底部。（图3）观察此时瓶子中的水是否外流，对着吸管吹气又会出现什么现象。

图 1

图 2

图 3

游戏指导

1. 重点指导：鼓励幼儿大胆尝试多种玩法，大胆与同伴交流自己的操作和发现；教师可以提供比较开放的记录表，让幼儿用自己喜欢的符号、图画来记录自己的探究猜想与结果。

2. 个别指导：引导幼儿不交叉使用吸管，对因倒扣瓶子不够迅速而导致实验失败的幼儿进行个别指导。

游戏延伸

家园共育：回家与爸爸妈妈利用瓶子、吸管以及其他辅助物继续做实验，发现与大气压有关的更多有趣的现象。

喷泉水花（游戏活动）

游戏目标

1. 对瓶子里出现喷泉的现象感兴趣，并且乐于动手探索。
2. 探索、发现可以通过挤压的方式使瓶子里出现喷泉。

游戏准备

1. 经验准备：见过喷泉。
2. 物质准备：矿泉水瓶2个、连接器1个、吸管1根、橡皮泥1块、颜料1瓶、水、水盆、剪刀、铅笔等。

游戏玩法

一、幼儿自制"喷泉水花"玩具

1. 把吸管穿进连接器的孔中，借助橡皮泥封牢吸管与连接器孔之间的空隙。（图1）
2. 在一个瓶子中装大半瓶水，然后将颜料倒入瓶中，制成彩色的喷泉水。
3. 将连接器的一端拧在装水的瓶子上，另一端拧在空瓶子上。（图2）

图1 　　　　　　　　图2

气压有力量　249

二、幼儿自由探索"喷泉水花"的玩法

幼儿经过自由探索,发现可以通过挤压装水的瓶子让喷泉喷出来,或用力挤压上面的空瓶,然后松开手,空瓶子里也会有喷泉喷出来。(图3、图4)

图 3　　　　　　　　　　　　　图 4

游戏指导

1. 重点指导:引导幼儿观察教师所提供的制作图片,按照图片中的制作步骤进行操作。

2. 个别指导:对操作有困难的幼儿进行个别指导,如往连接器中塞橡皮泥时,要做好密封,不要过分挤压吸管;应把连接器先拧在有水的瓶子上,再拧在空瓶子上,且一定要拧紧;做好后如果漏水,就要拧开连接器,重复前述步骤。

有趣的虹吸(集中活动)

活动目标

1. 在实验中感知虹吸现象,了解虹吸现象在生活中的应用。
2. 探究产生虹吸现象的条件,并能大胆表达自己的想法。

活动准备

1. 经验准备：有用吸管玩水的经验。
2. 物质准备：幼儿玩水的照片，装满水的小桶，空盆，一大盆水，小桶若干，长短、粗细不同的吸管若干等。

活动过程

一、回顾吸管运水经历，激发兴趣

1. 出示一个装满水的小桶和一个空盆，引发幼儿猜想和讨论。

提问：怎样用吸管将小桶里的水运到空盆里去？

2. 鼓励幼儿尝试运用吸管运水，并大胆交流自己的想法。
3. 梳理小结：我们可以采用之前玩过的吸管运水的方法，将吸管的下端充分浸入水中，然后用手指堵住吸管的顶端，再把吸管垂直拿出来移到空盆里，这时把堵住吸管的手指松开，水就会流出来。

二、大胆实验，感知虹吸现象

1. 提问：怎样才能让水从吸管里自动流到空盆里呢？
2. 鼓励幼儿大胆操作，尝试用吸管自动运水，并引导幼儿大胆表述自己的想法和做法。
3. 交流分享：请刚才实验成功的幼儿进行演示交流。（图1～图3）

| 图1 | 图2 | 图3 |

4. 梳理小结：弯曲吸管，吸管的一头用手指堵住并放置在空盆上方，另一头放入装满水的小桶中，此时放开堵住吸管的手，水就会自动从装满水的小桶中流到空盆里。这就是虹吸现象。

气压有力量　251

5. 交流分享：请刚才实验不成功的幼儿进行演示交流，分析不成功的原因，探究产生虹吸现象的条件。

6. 梳理小结：要产生虹吸现象，首先要让吸管里充满水，第二要注意保持吸管的出水口低于进水口，有一定的高低落差才能让吸管成功地自动运水。

三、再次操作，比较哪个吸管运得快

1. 提供长短、粗细不同的吸管若干，鼓励幼儿大胆操作，尝试用不同的吸管自动运水，比比哪个吸管运得快。

2. 鼓励幼儿弯曲吸管，制作不同造型的吸管，再次操作比较哪个吸管运得快。

3. 集中交流分享：哪个吸管运得快？吸管的长短、粗细、造型对虹吸现象有影响吗？有什么样的影响呢？

4. 梳理小结：吸管的长短、粗细、造型对吸管自动运水有一定的影响。M形的吸管甚至不需要堵住一头就能产生虹吸现象，这就是自虹吸现象。

活动延伸

区域活动：（1）幼儿在科学区继续玩虹吸现象的游戏；（2）幼儿在自然角利用虹吸原理给金鱼缸换水。

阶梯水库（游戏活动）

游戏目标

在实验中感受虹吸现象的趣味性与观赏性。

游戏准备

1. 经验准备：对虹吸现象有一定的操作经验。

2. 物质准备：纸杯6个、透明塑料杯4个、L形吸管3根、胶枪、打孔工具、色素、水等。

游戏玩法

1. 在透明塑料杯的杯身定点打孔，插入吸管后，用胶枪密封。用同样的方法做出3个相同造型的杯子。（图1）

2. 准备3个不同高度的纸杯底座：依次是3个纸杯叠加的最高底座，2个纸杯叠加的中等高度底座，1个纸杯的普通高度底座。

3. 将3个不同高度的纸杯底座，按从高到底的顺序依次排开。将之前做好的3个透明塑料杯放置在底座上，注意依次将吸管口对准下一个高度的杯口，最后一个吸管口下方应放置1个完好的透明塑料杯。（图2）

4. 在4个透明塑料杯中滴入不同颜色的色素。

5. 向最高的杯子内倒水，而后认真观察水流的变化。（图3）

图1

图2 　　　　　　　　图3

游戏指导

1. 重点指导：鼓励幼儿大胆表述通过动手操作和认真观察发现的科学现象。
2. 个别指导：对操作有困难或游离于游戏之外的幼儿进行个别指导。

游戏延伸

提供更多的纸杯、透明塑料杯和吸管，让幼儿制作更高的阶梯水库。

气压有力量

小小潜水艇（游戏活动）

游戏目标

1. 在游戏中感知气压与水压相互作用下的潜水艇沉浮转换现象。
2. 大胆与同伴表述自己在实验中的发现。

游戏准备

物质准备：笔帽、水、塑料饮料瓶、橡皮泥等。

游戏玩法

1. 制作笔帽潜水艇：把一小团橡皮泥粘到笔帽底部，把笔帽放进水中，试着慢慢在笔帽底部加一点橡皮泥，逐渐使笔帽潜水艇直立漂浮在水面。（图1）
2. 把笔帽潜水艇放进装水的瓶子里，然后拧紧瓶盖。
3. 用力捏瓶子，使笔帽潜水艇沉向瓶底；松开双手，笔帽潜水艇又回到了瓶子顶部。（图2）

图1 　　　　　　　　图2

4. 尝试用其他材料替换笔帽来进行该游戏。

游戏指导

1. 重点指导：鼓励幼儿尝试用不同的力度捏瓶子，并提升游戏的经验，知道把水压进潜水艇的水舱中可以使潜水艇变重并沉入水里，把水排出去可以使潜水艇变轻并浮出水面。

2. 个别指导：对制作的笔帽潜水艇无法直立漂浮的幼儿进行个别指导。

游戏延伸

幼儿寻找大小不同的笔帽制作笔帽潜水艇，并在实验中比较大小不同的笔帽潜水艇下沉和上浮的速度。